JN411512

고구마꽃이 피었습니다

고구마꽃이 피었습니다

2023년 5월 19일 교회인가
2023년 9월 13일 1판 1쇄 발행
2025년 5월 15일 1판 7쇄 발행

지은이 | 조경자
펴낸이 | 이은아
펴낸곳 | 바오로딸

01166 서울 강북구 오현로7길 34
등록 | 제7-5호 1964년 10월 15일
전화 | 02) 944-0800 팩스 | 987-5275

취급처 | 중앙보급소
전화 | 02) 984-3611 팩스 | 984-3612
 FSP 1625

값 13,000원

이메일 | edit@pauline.or.kr
인터넷 서점 | www.pauline.or.kr 02) 944-0944
ISBN 978-89-331-1520-6 03800

이 책에는 을유1945체를 사용했습니다.

고구마꽃이 피었습니다

조경자 지음

바오로딸

차례

1부 땅의 자리에서

3부 세상의 자리에서

1부

땅의 자리에서

걷다 보니 어느새
길이 되어

2007년, 관구장 수녀님이 부르셨다. 말씀인즉 앞으로의 사도직으로 '농촌에 들어가 생태영성을 살아가는 건 어떨까?'라는 것이었다. 그때만 해도 나에게 '생태'는 그리 중요한 문제가 아니었다. '가난한 사람들', 그중에서도 '어린이'를 대상으로 하는 사도직을 계속 생각하고 있었기에 고민 없이 "저를 가난한 아이들에게 보내주세요" 하고 청했다. 그런데 이어진 수녀님의 말씀은 내 생각을 돌려놓기에 충분한 울림으로 다가왔다. "이제 우리에게 가난한 대상은 사람만이 아니라 모든 피조물이라는 것을 생각해야 해요. 앞으로 우리 공동체의 모든 수녀님은 생태영성의 삶을 살아야 하고 그것이 중요한 사도직이 될 거예요." 그렇게 나는 준비기간을 조금 갖고 나서 2010년에 강화도로 들어왔다.

강화도는 섬이라 그런지 안개가 자주 낀다. 내 기억에 2010년에는 유난히 안개가 많이 꼈다. 안개는 마치 현실을 반영하듯 앞을 내다보기도 어렵게 꽉 차서 침묵의 시간을 만들어 줬다. 먼저 걸어간 이를 따르는 길이 아니라, 아무도 가지 않은 길을 걷는 느낌으로 하루하루를 맞이했다. 솔직히 오래 갈 수 없을 것 같았다. 그래서 늘 '주님, 당신이 제게 바라시는 것이 무엇입니까?'라고 기도하며 잠자리에 들었다.

그러던 어느 날 문득 깨달았다. 안개 속을 걸으며 그 길의 끝을 보기는 어렵지만, 적어도 나아갈 한 발짝만큼은 정확하게 볼 수 있다는 것을. 한 발짝 나아가면 다음 나아갈 만큼의 한 발짝이 보였다. 마음속에서 '아, 이거구나!'라는 탄성이 나왔다. 내게 요청되는 것은, 발 딛는 곳이 바로 길이라는 믿음과 다음 한 발짝을 볼 수 있다는 희망을 갖는 것이었다.

걷다 보니 어느새 길이 되어있었다. 살다 보니 어느새 터전이 되어있었다. 한 발짝, 하루, 한 해, 십 년을 훌쩍 넘긴 오늘에 이르기까지 나는 이 길을 계속 걷고 있다. 그리고 예상하지 못한 일들이 일어났다. 정말 많은 사람이 이 길로 찾아와 어떻게 이만큼 걸어오게 되었는지를 묻는다. 그저 한 발짝씩 걸어왔을 뿐인데…. 호미로 숱하게 검지를 찍으며 밭일을 하고도 흙을 알아보는 데 일 년이나 걸렸다. 흙이 참으로 흙으로 보이는 순간부터 이전의 흙과 이후의 흙이 다르게 느껴졌다. “아, 네가 흙이구나!” 그동안 흙이 이용가치로 보였다면, 이제는 하느님의 자취가 숨 쉬는 터전으로 다가오기 시작했다. 마치 하느님께서 나를 아신다는 것을 알게 된 날처럼 행복했다. 나는 흙과 새로운 관계에 들어가 그의 소리를 들을 수 있게 되었다.

살면서 막막했던 순간이 얼마나 많았던가? 밭을 일구고, 씨앗을 뿌리고, 부지런히 거두면서, 또 해마다 새로운 날씨에 적응해 가면서 나는 아이를 키우는 부모의 마음이 되었다. 땅과 함께 애끓는 마음이 되어 기다리고 배우는 시간이었다. 무엇보다도 이러한 마음을 공동체가 함께 나누고 아파하고 다독이며 살아간다는 것이 정말 큰 힘이 된다. "자연 앞에서 안다고 생각하지 말고 항상 겸손하게 어른들께 물어가며 걸어가라"고 하신 아버지의 말씀을 많은 순간 곱씹고 곱씹었다.

앞서가는 이 없이 길을 갈 때는 그 길이 정말 외롭고 어렵게 다가올 수 있다. 많은 사람이 가는 길이 아닐 때는 더더욱 그렇다. 나도 막막한 안개 속을 걸으며, 내딛는 한 걸음에도 가슴 졸이던 때가 있었다. 그리고 그 속에 길이 있다는 확신을 얻으면서, 그 어떤 막막함 속에서도 길을 걸을 수 있게 되었다. 그 길은 바로 우리 주님 '예수 그리스도'시다.

없는 대로
불편한 대로

우리는 생태적으로 사는 것에 대해 고민하며 살아가는 공동체다. 얼마 전 드디어 우리 삶의 방식을 표현하는 <노틀담 생태영성의 집>이라는 나무 간판을 만들어 대문 앞에 세워놓았다. 자연농법으로 땅을 살리고, 우리가 살아가는 삶을 교육을 통하여 나누고 있다. 처음 이곳에 들어와서 농사가 뭔지도 모를 때, 마을 어르신들은 나를 가엾이 보시며 말씀하셨다. "세상에, 젊은 수녀가 뭔 잘못을 해서 이렇게 땅을 파고 있다?" 혀를 차며 하시는 말씀에 웃음이 나왔다. 그리고 한 삼 년이 지나고 나서 어르신들은 이렇게 말씀하셨다. "저렇게 재미나게 사는 걸 보면 잘못을 해서 여기 온 건 아닌가 벼." 그리고 십 년이 지나자 '이웃'이 되었다.

어르신들은 우리가 비료와 농약 없이 농사짓는 걸 보시면서 "이거 오래 못 갈 거여"라고 말씀하셨다. 그런데 십 년도 훌쩍 넘긴 지금까지 우리는 더욱더 자연농업에 가깝게 가기 위해 미생물과 친해지고, 똥오줌을 사용하는 농업을 되살리려 하고 있다. 어르신들이 내버린 농법을 하나하나 되살리려고 애쓰자 우리 생활에도 변화가 찾아왔다. 한 가지 예로, 우리는 배설물이 밭에 좋은 거름이 된다는 것을 알기에, 오줌을 모아 거름으로 쓰고 있다. 수세식 변기를 한 번 내릴 때마다 11리터 이상의 물이 버려진다는 사실과 연결하면, 이러한 노력은 지구를 생각하는 행동이 된다. 또 곳곳에 '없는 대로, 불편한 대로'라는 표어를 붙여놓고 없음과 불편함을 자연스럽게 받아들일 수 있도록 하고 있다. 이것은 불평하지 않게 하는 장치이기도 하다. 이러한 없음과 불편함은 우리가 되찾아야 할 인간의 품위를 기억하게 한다. 생활방식의 전환으로 생태계 공동체가 회복되는 것을 보는 까닭이다. 곧 '잘 돌보고, 잘 다스리는' 사명을 살아가는 자신을 발견하기 때문이다.

오늘 우리에게 가르침이 되는 인디언들의 이야기가 있다. "한 노인이 그의 손자들에게 말했다. '내 안에는 늑대 두 마리가 있는데, 그들은 계속해서 싸우고 있단다. 한 마리는 두려움·화·시기심·분노·이기심을 나타내고, 다른 한 마리는 기쁨·평화·사랑·희망·공동선을 나타내지. 그런데 이 싸움은 모든 사람 안에서 일어나고 있단다.' 그러자 손자들이 물었다. '그러면 할아버지, 어떤 늑대가 이기나요?' 그러자 노인은 이렇게 말했다. '내가 먹이를 주는 놈이란다.'"

우리는 어떤 늑대에게 먹이를 주고 있는가? 나는 우리가 '없는 대로, 불편한 대로' 사는 것이 공동선임을 나타내는 늑대에게 먹이를 주기를 바랄 따름이다. 예수 그리스도의 사랑과 그분이 희망인 우리 그리스도인은 하느님 나라가 '지금 여기'에서 계속될 수 있도록 오늘도 '없는 대로, 불편한 대로'의 삶을 선택해야 하지 않을까?

땅이 우는 소리에
귀 기울이며

오늘은 그 어느 바람 자락, 풀잎 자락, 나뭇가지 하나 움직이지 않고 고요한 것이, 그들도 잠시 멈추어 숨을 고르고 있는 듯하다. 그러는 중에도 땅속 깊은 데서는 수없이 많은 미생물이 그들이 잘 서있을 수 있도록 붙잡아 주고 있겠지 생각하니, 이 순환이 더욱 소중하게 다가온다.

우리는 해마다 이른 봄이면, 밥을 한 솥 해서 뒷산으로 가져간다. 마치 제삿밥을 챙기듯 맛나게 밥을 해서 예쁘게 양파 망에 넣은 뒤, 부엽토 위에 올려 낙엽으로 잘 덮어준다. 일주일이나 열흘 뒤에 가 보면 양파 망 한가득 하얀 꽃이 피어있다. 이 꽃들이 바로 우리 땅을 살리는 미생물, 곰팡이다. 이들을 잘 살려 흙과 친해지도록 도와주면, 모든 생명이 건강하게 자기 몫을 살게 된다. 한 줌의 흙에는 수없이 많은 미생물이 살고 있다. 그러니 흙을 부를 때는 그 모든 생명을 함께 부르는 것이 된다.

이 미생물들이 흙에 잘 자리 잡을 수 있도록 우리가 해야 할 일이 있다. 땅에 농약을 뿌리지 않는 것이다. 농약이 뿌려진 땅에는 미생물들이 살 수 없다. 미생물이 없는 땅에서는 식물이 제대로 자랄 수 없다. 그러니 농부들은 땅에 비료를 뿌린다. 비료는 성장 촉진제와 같다. 본래 흡수할 수 있는 양보다 더 많이, 더 잘 흡수하여 보기 좋고 튼실한 작물을 얻으려는 것이다. 그러나 그 작물이 딛고 있는 터전은 시스템 자체가 깨져서 딱딱하고 강퍅한 흙이 된다. 호미도 들어가지 않는 딱딱한 흙에 농사를 지으려니 농부들은 트랙터로 밭을 간다. 소와 쟁기만으로 농사지을 때는 어떻게 했을까 싶지만, 그만큼 흙이 포실하게 살아있었을 테니 손이 덜 가도 충분했으리라.

미생물이 살아있는 땅은 굳이 트랙터로 일구지 않아도, 자체로 숨 쉴 공간을 만들어 흙이 딱딱하지 않다. 미생물과 뿌리는 서로에게 필요한 것을 제공해 주고 살게 한다. 정말 신기하지 않은가? 눈에 보이지도 않는 미생물이 뿌리와 협업하여 땅을 살리고 다른 생명을 살린다는 것이…. 이 위대한 순환 안에서 하느님의 자취를 본다. 그 작은 생명도 당신의 생명과 코이노니아에 기꺼이 참여하고 있다는 것을 새삼 느끼게 되기 때문이다.

자연이 기억하는 하느님의 자취를 인간은 너무 빨리 잊어버렸다. 농약이나 비료, 트랙터의 원리가 그것을 증명한다. 제대로 흙을 볼 수 있을 때, 그 안에 사는 무수히 많은 생명을 의식할 수 있을 때에야 우리는 엠마오의 제자들이 빵을 나눌 때 비로소 예수님을 알아보았던 그 체험을 이 땅에서 할 수 있으리라. 당장 배부르고 좋아 보이는 것을 선택해야 똑똑한 사람이라는 사고구조로는 '생명으로 전환한다'는 구호를 절대로 완수하지 못한다는 것을 알고 있지만, 우리는 적당히 모르는 척하는 모습이다.

'생명으로 전환하는 길'은 '나만 사는 길'이 아니라 '다른 생명도 살게 하는 길'이다. 틱낫한 스님은 '우리 안에서 땅이 우는 소리를 들어야 우리 시대에 참된 치유가 이루어질 수 있을 것'이라고 하셨다. 생명의 순환 관계에서 우리가 기억해야 할 것은 무엇일까? 이 순환에서 우리는 어떤 선택을 해야 할까? 일단 멈추고 땅의 무수한 생명의 소리에 귀 기울여 보자.

이른 봄, 뒷산으로 가 밥 한 솥 땅에 올리는 그 일이 오늘 제단에 올리는 빵으로 다가오는 것이 정말 새롭다. 그러고 보니 땅은 우주의 제단이요, 농부는 곧 이 땅의 사제다. 이 일의 소중함을 많은 사람이 기억하기를 기도한다. 오늘도 땅이 우는 소리에 귀 기울이며….

땅의 얼굴을 새롭게 하소서

땡볕에서도 풀은 정말 잘 자란다. 저 뜨거운 볕에 여린 잎 활짝 펼치며 잘도 자란다. 열심히 풀을 매고 난 자리에 이틀 만에 또 싹이 올라오고 있다. 허탈한 웃음이 나오지만, 땅의 생명력을 보여주는 것이라 생각한다. 우리는 봄가을로 밭갈이해야 할 때 삽과 곡괭이와 호미로 부지런히 밭을 일군다. 아니, 삽과 곡괭이와 호미면 충분하다는 것을 알게 되었다. 감자나 양파, 마늘은 6월이면 수확이 끝난다. 이후 이 밭은 한 달 정도 안식을 갖고 김장밭이 될 준비를 한다. 강화도는 기온이 낮은 편이라 다른 지역보다 김장배추를 일찍 심어야 속이 제대로 찬 배추를 수확할 수 있다. 삽질을 하면서 내가 소가 된 기분이었다. 미생물이 잘 서식하고 있는 흙은 포실하지만 그렇지 않은 흙은 딱딱해서 손이 더 간다. 아픈 자식에게 마음이 더 가는 부모의 마음이 이렇지 않을까?

야콘밭에 풀이 성하게 자라 공동체 수녀님들께 풀을 뽑자고 제안했다. 오늘 따라 더 딱딱한 흙을 보며, 이 흙이 우리네 마음자리 같다는 생각이 들었다. 물을 줘도 받아들이지 않고, 귀한 씨앗을 심어도 품을 수 없는 땅, 그래서 주인의 마음을 애타게 하고, 손이 가게 하는 땅 말이다. 호미로 흙덩이를 부수고, 손으로 쓸어주며, 이랑을 돋워주었다. 초보 농부 안나 수녀님이 풀을 매고 지나간 자리에 이랑이 무너진 것을 보며 내가 잔소리했다.

"밭의 주인공은 작물이니 우리는 그들이 주인공이 될 수 있도록 돋워줘야 해요. 야콘이 크는 것은 흙이 갈라지는 것으로 알 수 있어요. 그러니 풀을 뽑으면서 그들을 잘 덮어주면 좋아요." 안나 수녀님이 "아, 그렇구나" 하며 그대로 듣고 받아들여, 흙을 모아 야콘을 덮어주었다. 요즘 농사일에 맛 들이고 있는 윤희 수녀님이 뽑아놓은 풀을 보며 "수녀님들, 씨 맺히지 않은 풀은 거름으로 만들 수 있게 모아주세요"라고 말했다. 순간 수녀님들의 이런 마음 자세가 정말 좋은 땅이라는 생각이 들었다.

그러고 보니 예수님이 비유를 들어 말씀하신 것들이 그냥 남의 말만 듣고 하신 말씀이 아니겠구나 싶다. 당신이 손수 씨를 뿌려보고, 풀도 뽑아보고, 양도 돌보고, 농부들과 또 목자들과도 '함께하셨겠구나!'라고 생각하니, 땅을 돌보는 이 일이 새삼 소중하게 느껴졌다. 그리고 시간을 거슬러 이천 년 전, 자연 안에서 생명을 돌보시던 그분과 함께 이 일을 하고 있다는 믿음을 갖게 된다.

내가 아는 어떤 신부님은 신자들의 머리에 손을 얹어 축복하면서 이렇게 기도하신다. "주님, 돌처럼 굳은 마음이 살처럼 부드러운 마음이 되게 하소서." 하느님 말씀을 심는 우리 마음 밭이 돌처럼 굳으면 어떤 말씀도 깊이 뿌리내리기 어렵다. 이 사제의 기도는 씨앗 뿌릴 밭을 준비하고 돌보는 농부의 손길과 같다. 우리는 이 모든 손길을 받아들이며, 자신을 말씀 심을 좋은 땅으로 준비한다. 이 땅을 우리의 믿음으로 잘 돋워주면, 땅에서 올라오는 풀들, 곧 실수나 실패들도 열매를 맺는 데 필요한 거름이 될 것이다.

우리가 살고 있는 오늘, 인류는 정말 많은 실수를 했다. 문득 돌아보며 어떻게 다시 시작해야 할지, 어디로 돌아가야 할지 고민하게 된다. 우리 삶의 방식 중 몇몇 가지만 바꾸면 모든 상황이 안전할 것이라는 생각으로는 우리가 직면한 위기를 제대로 해결할 수 없다. 우리는 더욱 전적인 전환을 해야 하는 심각한 위기에 직면했다. 그 어느 때보다도 하느님의 백성이라는 우리의 정체성을 생각하게 된다. 하느님 백성은 선택된 민족으로서 다른 모든 민족이 하느님을 알아보도록 하는 표징이기 때문이다. 우리가 처한 이 절망 속에서 우리가 하느님을 찾으면, 하느님께서는 "당신의 숨을 내보내시어 … 땅의 얼굴을 새롭게"시편 104,30 하실 것이다. 우리는 모두 그분이 창조하신 땅이다.

작물은 주인 발소리를 들으며 자란다

매미와 풀벌레 우는 소리가 한창이다. 그중에서도 매미는 유난히 큰 목청을 뽐내곤 한다. 그 흔한 자동차 소리 하나 없는 벌레들의 하모니 속에서, 나는 밭을 돌보며 내쉬는 숨소리로 그들과 하나 되고 있음을 느낀다. 이 속에서 살다 보니 문득문득 작물들이 무엇을 고파하는지 느낄 수 있다. 우리는 그들의 필요를 알아보고 그것을 채워주는 역할을 하고 있다. 내 몸, 우리의 몸이 그들이 처한 가뭄을 목마름으로 느끼게 되면 물을 준다.

공동체에서 선배이신 영주 수녀님은 밭일을 하다가 이렇게 말씀하셨다. “나는 애들이 지금 뭘 필요로 하는지 그냥 알게 돼요.” 사실 밭을 돌본다는 것은 땅과 뭇 생명이 필요로 하는 것을 채워주는 일이다. 만약 우리가 이 일을 하면서 저 밭에서 고추는 몇 근, 가지는 몇 개, 고구마는 몇 상자를 수확할지에 가치를 둔다면 다른 생명들의 필요를 몸으로 안다는 표현은 할 수 없을 것이다. 우리 공동체는 이런 대화를 한다. “땅이 더 건강해졌어요.” 눈에 보이는 작물을 보며 땅의 상태를 살피는 것이 우리 공동체의 농사 방법이다. 그러다 보니 보잘것없어 보이는 작물도 ‘감사의 제물’로 봉헌하게 된다. 땀이 비 오듯하는 몸을 이끌고 부지런히 움직이는 나 자신을 보며 이런 생각을 하게 되었다. ‘농부는 자신이 돌보는 생명에 땀방울로 세례를 주는구나!’ 땀방울은 그들에 대한 사랑의 인증이다. 생각만 해도 즐거운 농부의 길이다.

처음 농사를 시작할 때, 아랫집 할아버지께서 이렇게 말씀하셨다. “허허, 고추밭에서만 살지 말고 야콘밭도 가봐야지.” 나는 무슨 말씀을 하시는 건지 몰라서 “왜요, 할아버지?" 하고 여쭈었다. 그러자 할아버지는 이렇게 말씀하셨다. "작물은 주인의 발소리를 들으며 자라. 그런데 수녀님이 고추밭에서만 사니까 고추는 잘되는데, 저기 야콘은 비리비리하잖아." 정말 그랬다. 그때 우리는 고추를 많이 따고 싶어서 고추에 전념하고 있었다. 야콘에게 미안한 마음이 들었다.

예수님은 양들이 목자의 음성을 알아듣는다고 말씀하셨다. 밭의 생명도 농부의 음성과 발소리를 알아듣고 안심하고 자란다. 복음의 이 원리가 우리 삶의 원리와 일치한다는 것이 말씀의 신비 안으로 들어가는 느낌이라, 더욱 이 일이 소중하게 다가온다. 그런데 예수님이 말씀하시는 착한 목자는 양들을 위하여 목숨을 내놓는다. 삯꾼은 이리가 오는 것을 보면 양들을 버리고 달아나지만, 착한 목자는 그들과 함께한다. 양들의 소리를 듣기 때문이다. 밭에 심긴 생명이 농부의 음성을 듣고 자란다는 것도 기억해야겠지만, 농부가 그들의 소리를 알아듣는 것도 정말 중요하다. 그렇지 않으면 삯꾼처럼 그들을 이용 가치로만 보든가, 아니면 그들을 버리고 떠나버릴 것이기 때문이다.

공동체에서 풍성하게 차려진 식탁을 볼 때, 감사하면서도 한편으로 함께하지 못하는 가난한 이들에게 미안한 마음이 올라온다. 때때로 자연에서 느끼는 평화로움이 세상 곳곳에서 분투하고 있는 많은 어려움과 괴리된 듯 느껴질 때면 정말 마음이 괴롭다. 그럴 때 나는 밭으로 나가 땅 가까이 몸을 낮추고는 손으로 땅을 쓸어준다. 그리고 떠나지 않겠다고, 끝까지 돌보겠다고, 언제나 함께하겠다고 마음으로 고백한다. 세상의 모든 어려움에 함께할 수는 없지만, 생명을 돌보는 이 자리에서 내 삶이 공명을 이룰 수 있기를 소망하고 믿으며 오늘을 살아간다.

'형태 공명'이라는 말이 있다. 오늘은 이 말이 희망으로 다가온다. 이 자리에서 내가 희망을 품고 생명을 돌보면 세상 어느 자리에서 누군가도 생명을 돌보는 행동을 하게 될 것이라는 바람이다. 파괴를 일삼는 인류의 태도를 내 자리에서 나부터 돌릴 수 있다고 믿고 생명으로 전환하는 '생태 공명의 길'로 들어가는 것이다.

들을 귀가 있는 사람은 안다

토종 참외 씨앗을 얻어 심었더니 사과 모양의 참외가 예쁘게 넝쿨을 만들어 열매 맺었다. 우리 수녀님들은 으레 가장 먼저 딴 열매는 정성껏 예쁜 접시에 올려 식탁 중앙에 놓고 감탄하며 주님께 찬미를 드리곤 한다. 그러고 보니 식탁도 제대다. 누군가가 칼로 참외를 자르자 모두의 입에서 탄성이 나왔다. 속이 정말 잘 익고, 건강한 씨앗이 꽉 차있었다. 여섯 쪽으로 나누어 한 입씩 베어 물었을 때 우리는 다시 감탄했다. 정말 꿀맛이었다. 올해 농사가 신통치 않다고 생각했던 윤희 수녀님은 참외를 맛보며 신이 났다. 앞으로 날마다 이 맛난 참외를 먹을 수 있다고 말하는 폼이 마치 자식 자랑하는 엄마의 모습처럼 느껴졌다.

참외를 심은 밭에는 거의 안식년처럼 많은 작물을 심지 않고 오히려 자연농법에서 권장하는 짚을 겹겹이 덮어놓았다. 그러다 보니 말끔히 풀이 뽑힌 밭이 아니라, 썩은 짚 사이로 풀도 자라고 작물도 자라는 밭이 되었다. 그런데 자세히 보면 그 나름대로 질서가 있음을 알 수 있다. 토마토와 가지가 서로 기대어 함께 살고 있다. 오이는 위로 오르고, 참외는 아래에서 능선을 만들고 있다. 우리는 이들에게 타고 오를 줄을 매주고, 기댈 말장을 박아주면 된다. 우리 자신을 위해 재촉하지 않는 공간, 그래서 땅이 쉴 수 있는 터다. 그러니 우리가 땅의 회복을 눈으로 확인하는 자리, 공생관계를 깨닫는 자리, 자연의 순환을 한눈에 볼 수 있는 자리가 되었다. 벌레가 있고 나비가 날아들어도 노여워하지 않을 수 있는 자리다. 가만히 이들을 보고 있으면 그 자체로 하느님을 찬미하게 된다. 여기에는 그들 나름의 교향

악이 흐르고 있기 때문이다.

이 작은 터에서 벌어지는 공생관계를 보며 많은 생각을 하게 된다. 자연이 서로에게 허용하는 이 관계, 알고 보면 거류민인 우리조차도 받아들여 준 이 관계 안에 하느님의 말씀이 살아있고, 계속 자라고 있기 때문이다. 하느님의 사랑으로 창조된 이 세상 모든 피조물은 우리와 함께 하느님의 사랑을 노래하고 싶어 한다. 그런데 하느님을 가장 많이 닮았다고 하는 우리, 그래서 다른 피조물을 잘 돌보라는 사명을 받은 인류는 지금 본래의 멜로디를 무시하고 불협화음을 만들고 있다. 다른 생명들과 함께하는 협주가 아닌, 혼자만의 소리를 내며 자만에 차있다.

창조 질서 회복을 위해 노력한다는 것은 새롭게 무언가를 만드는 것이 아니라 본래 있던 질서를 되찾는 것이 아닐까. 우리는 이 감각이 너무도 무뎌졌지만 다행히도 인간은 하느님께서 창조하신 자연의 일부다. 자연은 창조 질서의 순환에서 우리를 제외시키지 않았다. 밭에서 터져 나오는 감탄과 찬미도, 기후 위기의 악순환 속에서 느끼는 불안도 인간만의 것이 아니다. 대자연의 찬미이자 호소다. 그러니 우리가 직면한 기후 위기 속에서 불안을 느낀다면, 대자연도 지금 움츠리고 불안해하고 있는 것이다. 그렇다면 우리는 자기 혼자 아픈 것처럼 아우성치기보다 먼저 이 위기가 우리 인류가 조장한 어려움임을 인정하고, 국경을 넘어 가난한 사람들과 약한 생명은 더 아프다는 것을 깊이 깨달아야 하겠다.

모든 생명의 아픈 노래를, 도와달라는 노랫말로 알아들을 때 우리는 비로소 자기 방식의 생명 돌보기에서 돌아설 수 있을 것이다. 들을 귀가 있는 사람은 안다.

하늘이 주신 일

장마철, 농부는 잠시라도 비가 멈추면 농작물에게 안부를 물으러 밭으로 간다. 잠시라도 햇볕이 나면 농익은 참외랑 수박, 토마토, 오이 등을 딴다. 모든 열매는 볕이 있을 때 수확해야 떨어지는 가지 부분이 소독되기 때문에 그때를 잘 맞추는 것이 지혜다. 오늘도 바구니 한가득 열매를 땄다. 그런데 고추밭에서 고추가 아우성이다. 이유인즉, 자기들 얼굴이 너무 빨개졌으니 어서 따 달라는 것이다. 이렇게 생명의 소리에 응답하려면 부지런한 손길이 따라야 한다. 그들에게 다가가려는 마음으로 잘 들으면 그들의 소리를 들을 수 있다. 그래서 작물들의 소리를 들을 수 있는 농부는 늘 부지런할 수밖에 없다.

처음 이곳에 와서 농사를 짓는다고 했을 때, 아버지는 걱정하시면서도 이렇게 말씀하셨다. "농사는 하늘이 주신 일이여. 사람의 힘으로만 하는 일이 아니여. 배우는 마음으로 해야 되는 거여."

사실 기후 위기가 점점 더 심각해지고, 날씨도 예측할 수 없어서 해마다 새로운 마음으로 농사를 지었다. 잘되는 작물이 달랐고, 땅도 예측할 수 없었다. 우리는 땅을 살리는 농업을 한다면서도 다른 한편으로는 수확량에 따라서 그해 농사가 잘되었는지 그렇지 않은지를 판단하곤 했다. 땅도 살리고 열매도 잘 나오면 좋으련만, 항상 예상은 빗나갔다. 그런데 문득 떠올려 보니, 오랫동안 농사를 지으신 분들은 설사 태풍이 고추 수확량의 반을 쓸어간다 해도 낙심하지 않고, 절반을 거둘 수 있는 것에 감사드렸다. 부모님도, 아랫집 할머니도 "이만한 게 어디야" 하셨다. 이분들에게 농사는 잘되고 못되고의 대상이 아니라 '하늘이 주신

일'이기 때문에 놓을 수 없는 일이다.

언젠가 아침 겸 점심 식사로 얼린 떡 한 덩어리를 밭두둑에 올려놓고 열심히 호미질을 하는데 아랫집 할머니가 부르셨다. "조 간호사, 밥 먹고 일해요." 할머니는 수녀가 어떤 사람인지 모르니, 머리에 쓴 베일을 보며 우리를 '조 간호사', '김 간호사'라고 부르셨다. 할머니는 머리에 이고 온 큰 고무대야를 우리 앞에 내려놓으며 "밥 먹고 해"라고 말씀하셨다. 고무대야 안에는 휴대용 가스레인지와 돌솥밥, 김치 한 대접, 미역국, 고추장이 가지런히 놓여있었다. "우리 딸도 싫다고 호미 한번 잡지 않는데, 뭐가 좋다고 이렇게 농사를 지어. 자식 같아서 밥 한 끼 해주고 싶었어. 맛은 없어도 먹고 일해." 그리고 이어서 할머니는, "우리 같은 사람하고 함께 살아줘서 고마워"라고 말씀하셨다. 잊을 수 없는 아침 식사였다. 투박한 할머니의 모습에서 "와서 아침을 들라" 하시던 부활하신 예수님을 보았기 때문이다.

'하늘이 주신 일'에 대한 소명 의식으로 이 일을 하고 싶다. 더 많은 소출을 거두는 농사꾼이 아니라, 생명을 돌보는 일을 하고 싶다. 우리의 사고가 토마토 개수를 헤아리고, 수박의 크기를 보며 즐거워하는 것을 넘어서, 기후 위기의 어려운 환경 속에서도 계속 열매를 딸 수 있다는 것에 감사드리고, 땅을 일구고 있다는 그 자체로 하느님께 감사드리며 살고 싶다.

우리는 생태적 회심을 해야 한다고 말한다. 그러나 우리가 뭔가를 잘못했다고 생각하기 이전에 우리가 돌아서야 할 회심은 '감사와 찬미'가 아닐까? 때때로 상대적 박탈감과 빈곤감이 우리 앞에 있는 고마운 것들에 무뎌지게 하지만, 하느님 아버지께서 예수 그리스도를 통하여 성령 안에서 우리를 끝까지 사랑하신다는 믿음으로, 우리 앞에 있는 모든 것들에 감사와 찬미를 올려드린다.

땅 같은 사람

몇 년 전 늦은 봄 어느 날, 손님이 찾아왔다. 강아지들이 일제히 짖으며 누군가 왔음을 알려도 좋은 이웃인 솔아 아빠려니 생각하고 뒤도 돌아보지 않고 밭에서 풀을 뽑고 있는데, "저… 안녕하세요?" 하고 인사하는 단정하고 낯선 음성이 들렸다. 우리는 일제히 목소리가 들리는 방향으로 시선을 돌렸다. 자세히 보니 아는 신부님이었다. 입회 전 교리교사를 할 때 학생이었던 친구가 이제 인천교구의 신부님이 되어 찾아온 것이다. 마침 단짝 소꿉동무이자 수도생활의 도반인 선이 수녀님이 함께 살고 있었기에 오랜만에 추억의 그 시절을 떠올리며 행복한 시간을 가졌다.

다음에는 일손을 거들러 오겠다는 말을 남기고 신부님은 돌아가셨다. 우리 집에 다녀가시는 분들 대부분이 돌아가실 때는 '다음에 올 때는 작업복이라도 준비해 와서 일을 거들겠다'고 다짐하므로 우리는 신부님의 이 말을 별로 마음에 담아두지 않았다. 우리가 하는 노동이 고돼 보여 말에라도 마음을 담아 힘이 되어주고 싶어 하신다는 것을 알기 때문이다.

그런데 유난히 가물었던 그해 가을, 고구마를 캐며 마치 유물이나 보물을 캐는 모양으로 호미질을 하고 있는데, 봄에 다녀간 그 신부님이 다시 찾아오셨다. 그리고 스스럼없이 밭으로 와서 돌같이 딱딱한 흙을 삽으로 파기 시작했다. 잠시 하다가 가시려니 생각했는데, 우리가 쉴 때도 혼자 삽질을 하며 어스름이 내려올 때까지 묵묵히 일을 하셨다. 고구마를 다 캐고 우리는 함께 저녁기도와 저녁 식사를 했다.

노동이 끝나고 모두 식탁에 둘러앉을 때면 우리의 식탁이 빈센트 반 고흐의 작품 <감자 먹는 사람들>에 나오는 장면처럼 다가올 때가 있다. 햇빛에 검게 그을린 얼굴들, 손끝마다 물든 까만 때, 가릴 것 없는 목젖 웃음, 가뭄 속에서 여문 고구마의 달콤함. 그날도 우리는 밭에서 난 먹거리를 먹으며, 소박하지만 충만한 식사를 했다. 신부님의 손을 보니 곳곳에 물집이 잡혀있었다. 안쓰럽지만 우리도 모두 땅과 친해지기 위해 입문처럼 지나온 그 생채기를 덤덤하게 바라보며, "삽질 자주 하시면 물집이 없어지고 단단한 굳은살이 올라와요" 하고 말했다. 신부님은 "네"라고 대답하며 씩 웃으셨다.

그 뒤로 신부님은 시간이 날 때마다 우리의 노동에 함께 하셨다. 마치 본래 당신의 일이었던 것처럼 마음을 다해 흙과 풀을 다스리셨다. 신부님들이 예를 갖춰 입는 클러지 셔츠를 입고도 "이 옷이 제일 편해요"라며, 하얀 소금쩍이 고이도록 말없이, 그저 묵묵히 땅을 대하시는 모습이 그 자체로 땅처럼 다가왔다.

나도 나 자신이 정말 땅처럼 느껴질 때가 있었다. 그것은 땅이 주는 풍요로움 때문이 아니라, 내 힘으로는 아무것도 할 수 없다는 것을 깨달았을 때였다. 농사를 지은 지 이 년쯤 되었을 때 말기 암으로 임종을 앞둔 수녀님과 함께 지냈다. 수녀님이 겪고 있는 아픔에 내가 아무 도움도 드릴 수 없다는 것이 너무 죄송스러웠다. 그때 나 자신이 어떤 수식어도 붙지 않은 땅의 상태처럼 다가왔다. 이런 마음을 꼭꼭 접어두고 있었는데, 수녀님은 돌아가시기 전 내 손을 붙들고 "가르멜, 땅 같은 사람. 좀 더 오래 함께하지 못해 미안해"라고 마지막 인사를 해주셨다. 그 손에 얼굴을 묻고 엉엉 울었다. 그 순간 하느님께서는 이름 없던 땅에 이름을 주시고, 황무지를 젖과 꿀이 흐르는 땅으로 축복해 주신다는 것을 느꼈다.

땅 같은 사람은 세상의 높고 낮음에 기준을 두지 않고, 다만 "나를 따라라" 하신 예수님 말씀을 깊이 새기며 '땅에서, 사람들 서리에서, 세상에서' 주님을 묵묵히 따르는 사람이다. 문득 찾아와 내 일처럼 삽질하시던 신부님이고, 작은 일도 복음 안에서 소중히 완성해 가는 우리 모두다.

우리

지난봄 밤꽃 냄새의 기억이 아직도 생생한데 어느새 밤이 떨어지고 있다. 이른 새벽, 밤 주우며 안개 자욱한 산을 걸으니 '정말 가을이구나!' 싶다. 오르내리는 길에 바닥을 보면 밤들이 꽤 떨어져 있다. 여기저기서 '툭', '툭' 소리가 난다. 삼십 년 전에 심은 밤나무이니 동네 어르신들은 산 주인이 누구든지 '우리 밤 산'이라고 생각하신다. 추석 명절쯤에는 제사 때 사용하기 위해 동네 어르신 몇몇 분이 밤을 주우러 산에 오시는데, 그분들은 정말 필요한 만큼만 주워가신다. 어떤 분은 도토리를 줍기 위해 올라오시는데, 오로지 도토리만 줍지, 밤은 탐내지 않는다. 주워가시라고 권해도 그냥 가시는 할머니의 유모차에 밤 한 봉지 넣어드렸다.

그런데 간혹 몇몇 경우는 산을 관리하는 우리 마음을 어렵게 한다. 우리 마을에는 도시에서 살다가 이곳으로 들어와 전원생활을 시작한 가정들이 있다. 이분들은 우리가 성당에 간 사이, 또는 우리가 밭에서 일하고 있을 때 산에 올라가 큰 알밤만 쏙쏙 골라 자루에 넣어가는데, 눈이라도 마주칠 양이면 "같이 먹고 삽시다!" 하며 되레 큰소리를 치신다. 때때로 날이 밝기 전에 랜턴을 들고 밤을 주우러 오시는 분들도 있는데, 아예 차를 대놓고 주워가신다. 마을 어르신들이 아니라 모두 도시에서 온 낯선 분들이다. 처음에 우리는 잘 모르고 지내다가 맹렬히 짖는 우리 집 개 노을이와 땅이 때문에 '또 누가 오셨구나'라고 의식하게 되었다. 이분들이 산에 남긴 쓰레기와, 무엇보다도 감사를 모르는 태도는 산을 관리하는 우리 마음을 불편하게 한다.

'우리 산'이라고 생각하는 어르신들은 다른 사람들을 생각해 필요한 만큼만 가져가신다. 그런데 남의 산이라고 생각하는 사람들은 몰래 와서 자기만 생각하며 욕심껏 가져간다. 이것은 비단 밤 줍기에만 해당되는 일이 아니다. 산에 고사리며, 산부추며, 머위가 올라오는 봄에는 나물을 뜯어 풍물시장에 가져가 파시는 할머니들이 있다. 이 할머니들과 마을 어르신들은 다음에 찾아올 사람들을 위해 남겨두시고, 내년을 기약하며 필요한 만큼만 채취해 가신다. 그런데 그렇지 않은 손길도 있다. 뿌리째 뽑아놓고, 다른 사람이나 다음은 생각하지 않는다. 오로지 '지금', '나'만 생각하는 사람들이다. 이런 상황을 볼 때면 마치 내 가슴이 할퀴인 느낌이다.

이 모습은 우리가 지구를 생각하는 태도와도 연결된다. 자신이 주인이라고 생각하는 사람은 다음을 생각하고, 다른 사람 그리고 다음 세대를 생각한다. 그러니 아끼고 보전한다. 그런데 '나만' 생각하고 몰래 거둬가는 이들은 다른 사람 그리고 다음 세대에 대한 생각이 없다. 산업혁명 후 더 똑똑해진 우리 인류의 행보가 이렇지 아니한가. 그러니 프란치스코 교황님이 회칙 「찬미받으소서」를 통해 '지구시민의식'을 가지라고 인류에게 호소하고 계신 것이다. 주님 앞에서 우리는 모두 거류민이지만, '우리 지구'라는 생각으로 다른 사람이 거할 수 있도록 열어주고, 다음 세대가 거할 수 있도록 보전하는 자세가 절실히 필요하다.

'우리'라는 말이 때때로 민족주의적 게토를 형성하며 차단된 의미로 사용될 때가 있다. 그야말로 울타리를 가리키는 의미로 차단하는 것이다. 그런데 교황님은 이 '우리'라는 말을 공동의 의미, 모두를 포함하는 의미, 개방된 의미로 사용하여 '우리 공동의 집' 지구를 돌보는 '우리'로 살아가자고 모든 이를 초대하신다. 나에게 질문해 본다. 나는 어떤 '우리'에 동의하며 살고 있는가?

나무에게 배운다

가을이다. 이제 밤 줍기도 끝나고, 들풀도 더 이상 자라지 않는 서늘함이 산자락에 드리웠다. 가을이면 으레 나뭇잎이 떨어지는 것을 안다. 날이 추워지니 견디다 못해 떨어지려니 생각하지만, 사실 나뭇잎은 겨울을 나게 될 나무를 위해 모든 에너지를 뿌리로 보내고 자신은 떨어지는 것이다. 그러면 나무는 그 큰 몸을 지탱하기 위해 꽁꽁 얼게 될 땅속 깊이 뿌리를 내려 온 힘을 다해 흙을 붙잡는다.

봄부터 화려하게 차려입은 그 풍성한 잎들을 내려놓는 나무의 겸손을 생각하게 된다. 그렇게 내려놓을 때 나무는 더욱 성장한다. 아름다운 잎을 내려놓을 때 땅을 딛고 키가 자란다. 떨어진 잎은 썩어서 자신이 디딜 흙이 되고 양분이 된다. 이 순환을 보면 땅과 나무는 결국 한 몸을 이룸을 알 수 있다.

나무에게 이런 지혜를 배우면서도, 또 이런 이야기들을 종종 나누면서도 '내려놓는다'는 것은 정말 어렵다. 젊음, 직책, 부유함, 특별함에서 나이 듦과 평범함으로 가는 것을 받아들이기 어려워 안간힘을 쓰게 되기 때문이다. 주름을 없애기 위해 보톡스를 맞고, 젊어지는 갖가지 비법을 찾으며, 조금이라도 더 괜찮은 직책을 얻으려 전전긍긍하는 우리네 모습이 숲의 자연스러운 풍경과 대비된다. 우리가 추구하는 것은 겉으로는 화려해 보이지만, 딛고 있는 뿌리가 얕아 언제 쓰러질지 모른다. 잎이 제 모든 양분을 뿌리로 보내고 떨어질 때 나무는 더욱 굳건히 서게 된다는 것을, 내려놓는 것은 결코 죽음이 아님을 기억해야겠다.

나무가 제 잎을 내려놓으며 모든 양분을 뿌리로 보낼 때 나무는 마치 죽은 나무처럼 보인다. 제 몸에 있는 수분을 밖으로 내보내어 혹한을 대비하기 때문이다. 지금은 나무에게 배워야 할 때다. 내 울타리 안에만 재어놓거나 머리에만 쌓아두게 되면, 곧 한계에 이르게 된다. 그러나 함께 머리를 모으고 경계를 넘고 국경을 넘어서 살길을 모색하면 희망의 빛을 좇을 수 있게 된다.

십여 년째 흙에서 살다 보니 얼굴에 기미가 가득하고, 검게 익은 피부는 해를 보지 않아도 검다. 모처럼 본가로 휴가를 가니 어머니의 한숨이 끊이질 않는다. 딸 다섯 중에 막내 얼굴에 주름도 가장 많고 기미도 많다고 걱정이 태산 같으시다. 그런 어머니에게 "엄마, 저는요, 마더 데레사처럼 되고 싶어요" 하니, 어머니는 "맙소사. 왜 그렇게 어렵게 살려고 그려. 그냥 평범하게 살면 안 되는 거여?"라고 되물으셨다. 그래서 "엄마, 저는 정말 행복해요"라고 말씀드렸다.

공동체 수녀님들은 내 얼굴을 보며 이렇게 말해주신다. "해님이 입 맞추고 갔구나!" 정말 듣기 좋은 표현이다. 내 얼굴에 태양의 흔적이 있다는 것을 생각하면 기분이 좋아진다. 내 손에 풀의 흔적이, 손톱 밑에 흙의 흔적이 있을 때도 행복해진다. 자연에 내어주는 내 손과 발, 내 마음에 흔적이 남는다. 물이 드는 것이다. 자연을 돌보는 우리는 서서히 자연에 물들어 간다. 땅과 호흡하며 땅이 우리에게 내어주는 모든 것이 어머니의 젖줄처럼 다가온다. 나를 살게 하는, 우리를 살게 하는 이 내어줌의 원리를 우리는 '사랑'이라고 말한다. 그러니 우리는 사랑 안에서 살고 있다. 모든 것 안에 하느님께서 내어주신 사랑의 자취가 담겨있기 때문이다. 이렇게 살다 보면 욕심 많은 나도 나무처럼 내어주는 것이 곧 사는 길임을 알게 되려나?

이 땅의 주인은 누구?

땅을 돌보면서, 나는 땅을 대하는 태도와 생명을 대하는 자세가 달라졌다. 처음 농사를 지으면서는 많은 기대를 하며 씨앗을 뿌렸고, 또 뿌린 대로 수확하는 게 너무나 신기하고 경이로웠다. 감탄이 절로 나왔고, 자녀를 대하듯 애틋한 마음이 자랐다. 공동체가 완전히 자리 잡기 전에는 정말 많은 도전이 닥쳐왔는데, 그때마다 장상 수녀님은 나에게 이렇게 말씀하셨다. "만약 수녀님이 너무 힘들면 이 공동체를 닫아도 돼요." 나와 공동체를 위해 해주시는 말씀이라 감사한 마음이면서도, 밭에 뿌려 놓은 씨앗과 그 새싹들이 자식처럼 눈에 밟혀 이렇게 말씀 드렸다. "어떻게 씨앗을 뿌리고 떠날 수 있겠어요. 뿌린 씨는 거두고 싶습니다." 사실 농부는 늦가을에도 봄을 바라보며 씨앗을 뿌리니, 어떻게 보면 뿌린 씨에 대한 책임감으로 오늘까지 살 수 있었나 보다.

그런데 이렇게 애지중지 씨앗을 뿌리고 돌본 농작물을 넘보는 이웃들이 있다. 바로 나비, 애벌레, 메뚜기, 참새, 비둘기, 고라니 들이다. 정말 많은 이웃이 시식이나 한 끼 식사 정도가 아니라 자기 밭처럼 들어와 먹어댄다. 첫해, 고구마밭에 찾아온 고라니 가족은 300평이나 되는 고구마밭의 고구마 순을 거의 다 따 먹고 갔다. 새벽에 고구마밭을 보고서 '아, 경찰서에 고발할 수도 없고, 누가 고라니들을 다 잡아갔으면 좋겠다'라는 생각까지 올라왔다. 김장 배추는 거의 모든 배추의 반을 일정하게 갉아 먹었는데, 마치 칼로 베어낸 것처럼 먹어 치웠다. 김장도 할 수 없는 반쪽짜리 배추를 손에 들고 나쁜 고라니 녀석들이라고 마음속으로 단정 짓고, 어떻게 하면 고라니를 쫓아낼까 궁리했다.

동네 어르신들이 우리 밭의 상황을 들으시고 이렇게 말씀하셨다. “원래 고라니들이 살던 터전에 수녀님들이 들어온 거잖아. 그러니까 텃세하는 거여. 그리고 농약도 안 뿌리니 얼마나 맛있겠어. 새들도 알고, 벌레들도 알아. 이제 더 많이 이 집으로 찾아올걸.” 약 올리는 듯한 말씀이었지만 듣고 보니 우리가 하려는 일이 바로 이런 일이 아니었나 하고 깨닫게 되었다. 이튿날부터 어르신들은 당신네 밭에서 거둔 농작물을 우리 집 앞에 가져다 놓으셨다. 배추 20포기 심어서 고라니에게 주고 150포기를 얻었다.

가만히 생각해 보면 어르신들 말씀이 옳다. 우리가 다른 생명의 길목을 막고, 자연 친구들의 서식지를 강탈한 것이다. 그런데 그 친구들이 우리를 받아들여 주고 우리를 위해 베풀어 주는 많은 것에 고마워하기보다, 경계를 만들고 사라져야 할 생명 또는 해충으로만 생각했다. 미안한 마음이 들었다. 이제는 겨울철에 배곯을 고라니가 걱정되어 김장 때 모아둔 배추 겉잎과 상처 난 고구마를 산자락에 던져준다. 새벽에 기도하다 보면 고라니 가족이 내려와 배춧잎을 먹는데, 그 자체로 감동이다. 이제는 이 모든 생명과 함께 먹는다는 생각으로 농사를 짓고 있다.

어릴 적 어머니가 하신 말씀이다. "엄마는 바다가 좋아. 바다에 나가면 누구 눈치도 안 보고 필요한 만큼 거둬올 수 있어. 인간이 주인이 아니라 하느님이 주인이시거든. 바다는 땅이 없는 가난한 사람들에게 하느님께서 주신 희망의 땅이여."

측량줄로 땅을 계산하여 나누는 동안 우리는 잘 다스리고 돌보라는 인간 본연의 사명을 잊고 함께 살아가는 다른 생명들이 발 디딜 틈을 주지 않았다. 이제 우리는 바다도 땅처럼 영역을 갈라 서로 들어갈 수 없도록 제한하고 있다. 바다도 땅도 본래 주인은 하느님이신데 우리끼리 주인 행세를 하며 배고픈 이들이 더 배곯도록 한다. 이 땅의 주인은 하느님이시다. 바다의 주인도 하느님이시다. 우리는 그분 손으로 창조된 피조물이다. 그런데 하느님은 특별히 우리를 그분 모상대로 창조하시어 우리를 돌보는 그분 손길처럼 우리에게 다른 생명들을 돌보게 하셨다. 하느님 닮은 그 귀한 선물을 더 이상 손상하지 않도록 은사를 잘 관리하는 청지기가 되어야겠다. 모든 피조물의 순환이 지속되도록.

오늘이 바로 그때

쌀쌀해지는 걸 보니 가을이 깊어지고 있나 보다. 추수가 끝난 논에는 철새들이 날아가다가 요기할 이삭만이 남아 겨울 풍경을 이루고 있다. 가을에서 겨울로 넘어가는, 딱 그 사이에 있다. 이때 밭에서 가장 돋보이는 작물은 배추다. 우리 집 황구 노을이도, 백구 땅이도 집 밖으로 끌고 나오던 잠자리를 슬슬 안으로 물고 들어가는 것을 보면 추운 때가 왔다는 것인데, 배추는 여리디여린 잎사귀를 동글동글 포개어 밭 한가운데에서 건강한 초록을 빛내고 있다. 이때 거두는 배추와 무는 다른 계절에 수확할 때보다 더 맛있다. 서리를 맞아 얼었나 싶다가도 다시 한낮의 햇빛으로 녹여가며 제 몸을 보존하는 배추를 보면, 농부는 김장철이 다가왔음을 안다. 농부에게는 김장이 끝나야 한 해를 마무리하는 것이니, 사실 농부는 이때를 기다려 온 것이다.

농부는 '때'에 대하여 아주 민감하다. 바람과 햇빛, 비와 눈, 자연이 주는 것을 받으며 작물이 어떻게 자라는지에 관심이 많다. 변화를 눈여겨보고 그에 따라 필요한 일을 한다. 모든 관계 안에서 일어나는 일도 이렇게 이루어진다. 젖만 먹던 아이에게 때가 되면 이유식을 주는 것처럼, 어떤 때가 되면 변화를 읽고 응답하게 된다. 우리가 살아가는 세상이나 교회 안에서 요청되는 응답도 어떤 '때'를 직시하는 응답임을 깨닫는다. 지금 우리는 지구적 차원에서 지구시민으로서 어떤 때를 의식하고 있다. 얼마 전만 해도 의식 있는 종교인이나 소수의 환경단체만이 기후 위기에 대하여 부르짖었지만, 이제는 다양한 연령층과 분야에서 이 위기에 대응하려는 움직임이 일어나고 있다. 더는 무심해서는 안 될 때가 된 것이다.

교회도 마찬가지로 중요한 이 '때'를 의식하고 있다. '시노달리타스'를 말하며 함께 걸어가자고 모든 믿는 이들을 초대한다. 나에게 시노달리타스의 이미지는 종말을 향해 걸어가는 하느님 백성의 무리로 떠오른다. 거기에는 세상 곳곳에 살아계신 하느님 사랑의 손길을 구체적으로 드러내고 있는 평신도들과, 살아있는 불씨를 들고 하느님 백성들 사이사이에서 불을 붙여주는 수도자들과, 하느님 백성이 허기질 때마다 사랑을 다해 빵을 쪼개어 줌으로써 예수 그리스도와 일치하도록 도와주는 사제들이 있다.

나는 한국 가톨릭기후행동에서 마련한 교육 봉사자로 활동했었다. 한번은 그룹 나눔에서 한 형제님이 이렇게 말씀하셨다. "이 부분에 대해서 주교님께서 한마디만 해주시면 우리 신자들이 정말 잘 따라갈 수 있을 텐데, 왜 말씀을 안 하시는지 모르겠어요." 그러자 한 자매님이 대답하셨다. "저는 그렇게 생각하지 않아요. 이제는 누가 가라고 해서 가는 때가 아닙니다. 문제의식을 느끼면 자기가 할 수 있는 일을 찾아서 묵묵히 시작하면 됩니다. 저는 그런 체험을 여러 차례 했는데 그럴 때면 교회 분위기도 바뀌고, 나아가 학교나 사회의 정책적인 부분에도 영향을 미치게 되었습니다. 누군가가 해주기를 바라던 때는 이미 지났다고 생각해요."

이것이 시노달리타스를 설명하는 좋은 예라고 생각한다. 각자의 자리에서 자신이 주체임을 의식하고 앞으로 나아가는 것이 필요하다. '공동체의 친교' 안으로 들어가는 이 길에서 각각의 주체들이 노래하며 걸어가는 것이다.

교회는 시노달리타스를 말하며 우리 모두에게 함께 걸어가자고 초대했다. 프란치스코 교황님은 시노드를 시작하며 온 교회에 간절히 요청하셨다. 시노달리타스가 단지 회의와 문서로 끝나는 것이 아니라, 하느님 백성이 살아가는 삶의 방식으로 계속되기를 바란다는 것이다. 이제 우리는 이미 문 앞에 오셔서 문을 열어주기를 기다리시는 예수님을 기억하며, 스스로 문을 여는 주체가 되어야 한다. 이미 문 앞에서 우리 주님이 기다리고 계신다. 오늘이 우리가 문을 열 바로 '그때'다.

말씀이 오셨다

땅이 꽁꽁 얼었다. 겨울다운 추위가 시작된 것이다. 매서운 추위를 지낸 땅에 농사를 지으면 해충 없이 풍작을 이룰 수 있다고 어르신들은 말씀하신다. 실제로 추위가 밋밋한 겨울을 지냈던 요 몇 년은 낯선 벌레 떼의 습격으로 작물들이 피해를 입었다. 올겨울은 얼마나 겨울다울까? 그러면서도 도심 속 음지에서 추위에 떨고 계실 많은 분을 기억하게 되는 오늘이다.

처음 생태적 삶을 꿈꾸는 농사 소임을 받았을 때, 나는 아무것도 몰랐기에 두려웠다. 물론 하느님께서 이끄시는 여정이란 건 알았지만, 마치 광야에 있는 느낌이었다. 어느 방향으로 가야 할지 몰랐다. 광야에서 길을 찾을 때 필요한 것은 무엇일까? 나침반이다. 당시 나에게 나침반은 '말씀'이었다. 지금도 여전히 말씀은 나에게 나침반이다.

'말씀' 때문에 행복한 수도자가 되고 싶었다. 무엇을 잘하고, 무엇 때문에 행복한 것이 아니라, 어떤 상황에서도 말씀 때문에 행복할 수 있다는 것을 증거하고 싶었다. 지금은 '생태적 삶'이라는 고급스러운 말로 우리 삶을 표현하곤 하지만, 처음에는 철저히 농부로 살았기에 이 삶에 대하여 '사람들이 선택하지 않는 어려운 일' 정도로 표현하는 경향이 있었다. 그러니 신앙인이면서 농부로 살 때 필요한 지표를 세우는 것이 정말 중요했다. 그런데 많은 사람들이 내적 동인을 찾기보다 당장 눈앞에 드러난 문제의 해결 방법을 찾는 것에 익숙하므로, 방향을 찾으며 느리게 걷는 우리의 여정을 답답해하는 이들도 있었다.

땅을 돌보며 사는 우리에게 '말씀'은 더욱더 씨앗처럼 다가왔다. 말씀이 성장과 관계, 모든 것을 새로이 바라보게 하는 렌즈가 되어주었기 때문이다. 우리는 말씀을 삶 안에, 식탁 위에 올려놓았다. 감사를 드릴 때도, 아름다운 것을 볼 때도, 기후 위기와 코로나19와 같은 아픔에 직면할 때도 말씀은 우리에게 길을 제시해 주었다. 말씀에서 길을 찾을 때면 조급하지 않고, 비교하지도 않으며, 묵묵히 해야 할 일을 할 수 있었다. 무엇을 해야 할지 묻다가도 주님의 계획 안에서 모든 의지를 내려놓게 된다. 하느님의 눈으로 세상을 보게 되는 것이다. 말씀을 나침반으로 삼는다지만, 말씀에 귀 기울이고 말씀을 마음에 담고 살다 보면, 문득 그 말씀이 우리 안에 살아있다는 것을 느낀다.

마리아와 요셉을 보면 더 잘 알아볼 수 있다. 자신이 어떤 한계를 가지고 있더라도 하느님의 계획 안에서 이루어지는 일이라는 것을 알게 되었을 때, 주님의 말씀을 믿고 따른 두 분을 통하여 예수님이 태어나셨기 때문이다. 인간의 바람에 그치는 희망이 아니라, 하느님의 바라심을 알아차리는 지점을 발견한 것이다. 예수님의 탄생은 하느님의 바라심이 이루어지도록 우리 삶을 내어주는 자리에서 계속되고 있다. 세상 곳곳에서, 우리 마음 안에서….

주변 사람들과 생명을 가만히 들여다보면 알 수 있다. 말씀이 삶 속에서 이루어지기를 고백하는 사람들이 있기에 오늘 우리가 살아계신 하느님을 뵐 수 있다는 것을. 저 많은 생명도 '말씀이 이루어지소서' 하고 노래하고 있지 않은가? 바로 그곳에 예수님이 오셨다. 가장 크신 분이 가장 낮고 작은 모습으로 우리 가운데 오셨다.

고구마꽃이 피었습니다

가뭄 끝에 내린 비에 흙이 조금이라도 있는 곳에는 풀이 무성해졌다. 모든 식물이 말라죽은 듯했는데, 초록 팔을 뻗어 살아있음을 노래하고 있다.

몇 년 전 몹시 가물었을 때다. 빗물 저장고에 있는 물을 밭에 대주었으나 가뭄이 장기화되자, 작물들이 더는 줄기나 가지를 뻗지 않고 버텼다. 고구마도 줄기를 키우지 않으려는 듯해 보였다. 그런데 신기한 일을 목격하게 되었다. 군

데군데 고구마 줄기에서 보라색꽃이 핀 것이다. 처음에는 고구마밭에 나팔꽃이 피었나 보다 생각했다. 그런데 나팔꽃 넝쿨이 없지 않은가. 자세히 보니 고구마 줄기에 핀 꽃이었다. 너무 신기했다.

고구마꽃은 피는 일이 흔하지 않아서, '백 년에 한 번 피는 희망 꽃'이라고 말하곤 한다. 이런 꽃이 우리 밭에 피었으니 왠지 콧노래가 흘러나왔다. 그런데 밭을 돌보며 고구마를 관상하는 동안 금세 알아차린 게 있다. 이 꽃은 그저 낭만적이거나 아름답거나 단순히 희망을 드러내는 게 아니라 오히려 처절함과 절실함을 노래하고 있는 듯했다. 마치 호되게 마귀에 들린 자기 딸한테서 마귀를 쫓아내 주십사고 예수님께 청하는 가나안 여자의 간절한 부르짖음 같았기 때문이다.

그리고 나는 그 이유를 더 분명히 알게 되었다. 동네 어르신들이 고구마꽃을 보시더니 이런 말씀을 해주셨다. 가뭄으로 땅이 마르면 열매가 땅속에서 자라기 힘들기에 오히려 꽃을 피워 씨앗으로라도 번식하려고 하는 것이 순리라고…. 고구마가 살기 위해 본능적으로 다른 방법을 택했다는 것이다. 물을 충분히 주지 않아서라고 할 수도 있겠지만, 고구마에게는 내리쬐는 햇볕과 온도와 바람이 계절의 변화에 따른 날씨가 아니라 기후변화에 따른 날씨로 인식되었기 때문이다. 변해가는 기후에 맞추어 작물이 살아남을 대처를 한 것이다. 그러니 꽃을 피우는 고구마를 보며 간절함을 느끼지 않을 수 없었다.

오늘을 살아가는 우리가 잃어가고 있는 것이 바로 이러한 '간절함' 아닐까. 모든 것을 쉽게 얻고 취할 수 있으니 굳이 간절하지 않아도 된다. 대신 우리는 취할 수 없으면 대체재를 찾고, 피하거나 남 탓을 하고, 아닌 척하거나 방어기제를 사용하고, 화내거나 포기해 버리고 만다. 그런데 이 포기는 죽음 곧 자멸을 향한 것으로 보인다. 간절함은 무엇이 필요한지 아는 사람에게 일어난다. 간절함은 다음 세대를 기억하는 이에게 일어난다.

아, 그런데 지금 우리는 정말 오만하기 짝이 없어 보인다. 위험을 무릅쓰고 '핵'을 찾으며 아무 문제없다는 듯 "왜 안

돼?"라고 말하고, 자기 본성으로 깨달을 수 있는 감각을 잊은 채 다음 세대마저 절망의 문으로 초대하고 있으니 말이다.

기후변화에 따라, 고구마가 뿌리를 키우던 습성을 내려놓고 꽃을 피워 씨앗을 여물게 한 전환이 우리에게도 필요하다. 고구마에게 일어났을 간절함이 우리에게도 절실히 필요한 때다. 제 몸만 살찌우려고 한 고구마는 손가락 마디만 한 열매로 자라 버려지기 십상이다. 이제 꽃을 피우고 씨앗 만드는 일을 해야 할 때다. 의인을 쉰 명에서 열 명으로 낮춰서라도 소돔을 파멸에서 건지고 싶은 아브라함의 간절한 기도가 있다 한들, 그 의인 중 한 사람이 되어 노력하지 않는다면 버려진 고구마처럼 되기 십상일 것이다. 하느님 우리 아버지께서는, 이렇게 나약한 우리지만 간절하게 성령을 청할 때 위기를 극복할 지혜의 성령을 보내주실 것이다.

움켜쥔 손을 펴야 할 때

처음 농사지을 때다. 씨앗을 심었을 뿐인데 잎이 자라고, 꽃이 피고, 열매를 맺으니 보기만 해도 행복했다. 마치 아이가 뭘 해도 예뻐 보이는 것처럼, 그저 신기하고 놀라웠다. 그런데 심으면 거둔다는 감각을 알고서는 가능하면 좀 더 많은 수확을 하고 싶은 마음이 올라왔다. 마을 어르신들은 농약과 비료를 써야 더 큰 열매가 맺고 더 많이 수확할 수 있다며 조금은 한심스러운 눈으로 우리를 바라보셨다. 더군다나 땡볕 더위에도 풀을 뽑고 있는 것을 보실 때에는 “왜 이렇게 힘들게 일해. 제초제를 뿌리면 되는구먼” 하시며, 한여름에도 논이나 밭둑을 노랗게 물들이는 주범인 제초제 사용을 권하셨다. 정말 고된 노동 앞에서 제초제나 비료, 농약은 유혹이 아닐 수 없다.

공동체가 수확이 아니라 땅을 살리는 데 주력하기로 마음을 모으고 나서는 농사를 수월하게 해주는 방법들이 더는 유혹거리가 되지 않았다. 한 해 두 해 지나고 나니 오히려 마을 어르신들이 “수녀님들이 어떻게 농사짓는지 다 아는데, 나 좋자고 농약 치면 바람에 다 날려서 수녀님네 땅까지 가는데 어떻게 약을 뿌려? 예전에는 일주일에 한 번씩 약을 뿌렸는데, 이제는 일 년에 두어 번 치고 말어” 하시는 것이다. 어르신들의 이런 고백은 또 하나의 열매처럼 다가왔다. 그런데 무엇보다도 기쁜 건, 땅이 건강을 회복해 가는 것을 보게 될 때다. 처음 이 땅에 들어왔을 때는 돌을 붙잡고 있는 흙도 돌처럼 단단했다. 그런데 이제는 흙의 색이 달라지고 냄새와 촉감이 달라져서, 마음에 깊이 묻어두었던 상처가 드디어 아문 사람의 얼굴처럼 행복해 보인다. 본래의 생명력을 땅이 다시 기억하여 회복하기 시작한 것이다. 그러고 보니 농사짓는 우리의 생각과 가치관, 또 감수성의 회복은 땅과 다른 모든 피조물이 스스로 제 몫을 기억해 내는 것과 밀접하게 연결되어 있었다. '우리'에게로 오므렸던 손을 펴기 시작하자, 우리에게로 오므리던 마음의 습성도 펴졌다. 땅도, 작물도, 이웃의 마음도 펴졌다.

"모든 것은 연결되어 있습니다"라는 프란치스코 교황님의 호소 말씀은 우리 삶 곳곳에서 이 연결됨을 찾고 회복해야 하는 삶의 원리다. 우리는 이 원리를 밭에 농약을 사용하듯이 단절시켜 왔다. 농약을 뿌리는 것은 비난하면서도 농약을 뿌리는 습관은 내려놓지 못한다. 만약 우리가 아직도 열매를 보며 감사할 줄 모르고, 쉽게 얻으려 하며, 버려지는 음식에 무감각하다면, 우리는 우리도 모르는 사이에 농약을 뿌리는 일에 '동의'하고 있는 것이다.

'기후변화'에서 '기후 위기', 그리고 이제는 '기후 종말론'이라는 표현을 한다. 너무 빠르게 변하는 기후 징조들에 대한 우리의 대처는 '눈 가리고 아웅' 하는 격이다. 최근 일 년이라는 시간이 이토록 짧게 느껴진 적이 없다. 그야말로 째

깍째깍 초침이 가는 소리를 듣게 된다.

지구의 온도 상승에 가속이 붙어서 더는 지구 스스로 제어할 능력을 넘어선 모양이다. 세계 각지에서 폭염으로 목숨을 잃는 사람들이 늘어나고 있다. 그런 와중에도 우리는 전쟁을 선택하고, 식량 창고와 식량 수급 선박을 부수어 가며 힘을 과시하고, 그 속에서 무기를 사고팔며 이권을 챙기는 무모한 행동을 하고 있다. 전염병에는 벌벌 떨면서도 흉기를 휘둘러 갈취하는 못된 짓을 계속하고 있다. 힘 있는 이들에게 아부하고, 줏대 없이 여기 붙었다 저기 붙었다 하며 국민을 기만하는 언론은 자기 목적만이 아니라 정보를 접하는 이들의 방향도 잃게 한다. 노동자가 최소 임금으로 어렵게 살아도 모른 척하면서, 자기가 입을 손실에는 발을 동동 구르고 있다. 쥐고 있던 손을 펴고 머리를 맞대며 방향을 모색해도 늦은 때에 엉뚱한 행동을 하는 우리는 '지성과 사랑을 가진 인간'의 모습이 아니다. 아직도 자기가 수확할 것과 자신의 창고만 채울 요량으로 손을 움켜쥐고 있다면, 이제는 펴야 할 때다. 그것이 하늘에 보화를 쌓는 길이다. 내일 함께 빛을 볼 수 있기를 희망하는 길이다.

2부

삶의 자리에서

어릴 적 꿈을
이루셨나요?

어릴 적 내 꿈은 정말 소박했다.

아주 깊은 산골로 시집가서 시부모님 모시고 사는 것이었다. "그게 꿈이야?" 할 수도 있지만, 나는 그게 좋게 느껴졌다. 어쩌면 부모님이 섬에 사시면서 평생 농사짓는 모습이 내 삶의 좋은 모델이었기 때문일 것이다.

나에게는 또 하나의 꿈이 있었다. 화가가 되는 것이었다. 나는 어릴 때부터 그림 그리는 것을 좋아해서 틈만 나면

장독대에 스케치북을 기대어 놓고 주변 풍경을 그리곤 했다. 여름 한낮부터 그림을 그리기 시작하여 저녁 어스름이 숲에 드리울 때면 그림이 어느 정도 완성이 되었는데, 그 사이에 하는 붓질이 마치 시간을 그리는 것 같아서 아주 깊은숨을 쉬며 그림을 그렸다. 그 순간에는 밥 먹으라는 어머니의 목소리도, 새소리나 풀벌레 소리도, 모깃소리도 들리지 않는 진공상태 같았다.

초등학교 2학년 방학 숙제로 처음 파도를 그렸다. 매일 보는 바다이니 익숙한 파도를 그릴 만도 한데, 나도 모르게 물거품을 표현해 놓고는 바다를 보는 것처럼 행복했었다. 그 파도를 시작으로 나는 그림 그리는 것을 좋아하게 되었다. 그리고 또 하나의 계기가 있었다. 5학년 때 아버지가 너무 아프셔서 병원에 가셨지만 할 수 있는 치료가 없다고 판단되어 집으로 돌아오셨다. 늦둥이로 태어나 늘 연세 드신 부모님의 모습을 보며 자라온 나로서는 아버지가 곧 돌아가실 것 같았다. 그때 공소 회장님이 내게 이런 말씀을 해 주셨다. "사순 시기에 십자가의 길을 사십 일 동안 바치면 하느님께서 소원을 들어주신대."

누가 들으면 기복신앙이라고 하겠지만, 나는 이 희망의 끈을 꼭 잡고 싶었다. 마침 사순 시기였기에 아무도 없는 시간을 틈타 공소로 갔다. 밤 8시. 기도하러 산길을 오르는데, 가로등 하나 없는 깜깜한 길은 어린 내게 너무 무서웠다. 그렇지만 나는 공소 안으로 뛰어 들어가 1처부터 14처까지 무릎을 꿇고 십자가의 길을 바치며 "아버지를 살려주세요, 주님!" 하고 간절히 기도드렸다.

어느 날 누워계신 아버지 곁에서 배를 깔고 그림을 그리고 있는데, 아버지가 이렇게 말씀하셨다. "아버지 영정 사진은 울 애기가 그려줘." 이 말에 정신이 아득해졌다. 그러면서도 조급한 마음이 들었다. 나는 얼굴이 아니라 풍경을 그렸기 때문이다. 그 후로 나는 초상화를 그리기 시작했다. 단짝 친구가 내 모델이 되어주었다. 그런데 사순 시기가 끝나갈 무렵, 아버지가 병상에서 일어나셨다. 병원에서도 놀랐고, 우리 가족과 마을 사람들도 모두 놀랐다. 아버지가 나에게 말씀하셨다. "아버지는 울 애기가 기도해 줘서 나았어." 나는 곧바로 공소로 뛰어 올라가 엉엉 울었다. 주님이 내 기도를 들어주셨다는 것이 너무나 감사해서 "주님, 저를 당신께 봉헌합니다” 하고 말했다.

이제 나는 영정 사진을 그리지 않아도 되지만 초상화 그리는 취미가 생겼다. 언젠가 어떤 노신부님의 초상화를 그리게 되었는데, 신부님은 당신 초상화를 보시며 나에게 “부모님이 화가신가?” 하고 물으셨다. 나는 이렇게 대답했다. “네. 아버지는 논에 그림을 그리시고, 어머니는 밭에 그림을 그리세요.” 지금 생각해도 정말 기막힌 대답이다.

나는 어릴 적 꿈을 모두 이루었다. 산골로 시집가는 것과 화가가 되는 것. 나는 가끔 복음서의 예수님과 만나는 이미지를 그리고, 매일 밭에 그림을 그린다. 나는 안다, 철부지 어린 내 기도를 들어주신 주님은 지금 여기에서 나와 함께 그림 그리며 사는 걸 꿈꾸고 계셨음을.

아버지와 나

나는 육 남매 중 막내로 태어났다. 아주 늦둥이라 내 기억 속에 부모님은 늘 할아버지 할머니 같았다. 나는 아버지를 '아빠'라고 불러본 적이 없다. 다섯 살 때도 '아버지'라고 부르며 아버지를 따랐다. 아버지의 무릎은 내 지정석이었다.

어머니 표현을 빌리자면, 아버지는 '법 없이도 사실 분'이다. 너무 욕심이 없으셔서 어머니는 이런 아버지를 오히려 답답해하셨다. 아버지는 본래 종교가 없으셨다. 가족이 다 성당에 가도 아버지는 착하게만 살면 된다며 신앙생활 하는 것을 어려워하셨다. 그런데 내가 첫 서원을 하고 본가 방문을 갔을 때, 아버지가 볏섬이 쌓인 창고로 나를 부르셨다. 그러고는 평생 고이 묻어둔 당신 이야기를 들려주셨다.

"내가 태어나고 얼마 되지 않았을 때, 어머니는 나를 부처님께 봉헌하셨어. 그래서 내가 성당에 가면 어머니를 배신하는 거라고 생각했지. 그런데 네가 이렇게 수녀가 되고 서원도 하니까 내 마음이 달라지더라고. 주일미사 시간마다 '너희 아버지만 안 왔구나' 하는 소리가 자꾸 들려서 이런저런 일도 해봤다. 그런데 계속 그 소리가 따라다녀. 그래서 가끔 너희 엄마 따라서 성당에 가봤지. 기도도 할 줄 몰라서 맨 뒷자리에 앉아 '주님, 여기 죄인이 왔습니다. 자비를 베풀어 주십시오'라는 말밖에 할 수 없었어. 이게 맞는 거여? 어떻게 기도해야 하는지 좀 가르쳐 줘."

나는 아버지의 말씀을 들으며 가슴에 '쿵' 하고 뭔가가 떨어지는 것을 느꼈다. 예수님이 직접 예를 들어 가르쳐 주신

세리의 기도를 아버지는 이미 하고 계셨던 것이다. 나는 아버지를 안고 엉엉 울면서 말씀드렸다. "아버지, 하느님께서 아버지를 부르시는 거예요."

이후 아버지는 세례를 받으셨다. 단 한 번도 교리에 늦지 않으시고 열심히 배우셨다. 교리 책 「무엇 하는 사람들인가」를 곁에 두고 늘 공부하셨다. 새벽 네 시가 되면 일어나서 기도 상에 촛불을 켜셨다. 방문 사이로 은은한 빛이 새어 나올 때면, 두 손 모으고 기도하시는 아버지의 뒷모습을 볼 수 있었다. 이 장면은 내 마음속 깊은 곳에 새겨져 있다.

구순을 넘어 망백望百이 되신 아버지가 건강이 많이 안 좋아지셨을 때다. 아버지는 마지막이 될 것만 같은 인사를 몇 차례 반복하셨다. 아버지는 더는 앉아서 기도하실 수 없으셨다. 마지막 남은 기름을 끝까지 사용하기 위해 등잔을 기울일 때처럼, 온몸과 마음을 기울여 당신의 몸을 끝까지 태우고 계셨다. 내가 "하늘에 계신 우리 아버지" 하고 기도를 시작하면, 아버지는 기도를 이어받으셨다. "모든 것은 다 지나가고 하느님밖에 없어"라고 하시는 말씀 속에서, 누군가가 곁에 있더라도 결국 혼자 가야 하는 길을 아버지가 체험하고 계심을 알 수 있었다.

아버지와 하느님의 관계에서 나와 하느님의 관계를 보게 된다. 아브라함이 이사악을 축복할 때처럼, 평생 땅을 섬기며 살아오신 아버지의 삶을 내가 상속받은 느낌이 든다. 이사악이 제 귀를 열어 주님의 목소리를 들을 수 있게 되었을 때 아브라함의 하느님이 아니라 이사악의 하느님이 된 것처럼, 그 새로운 관계로 들어가는 것이다. 이 땅과 함께, 우리 아버지의 하느님이시자 나의 하느님께 오늘도 한 걸음 더 나아간다.

농부의 마음이 되어

우리 공동체 막내 수녀님 이야기를 하고 싶다. 수녀님은 몇 년 전 갑작스럽게 몸이 안 좋아져서 올해부터 이곳에 와서 함께 지내고 있다. 아직 일 년도 안 지났는데 건강이 회복되어 가는 게 눈에 보일 정도다. 수녀님을 보면서 많은 분이 '자연 속에서 여유롭게 지내니 건강이 좋아진 거라고' 말씀하신다. 물론 자연이 선물로 주는 모든 것이 수녀님에게 좋은 영향을 주었을 것이다. 그러나 자연 안에서 사는 것이 여유롭지만은 않다.

막내 수녀님은 초보 농부지만 수녀님 손길이 미치지 않은 곳이 없을 정도로 부지런하다. 농작물을 거둬도 썩거나 버려지지 않도록 부지런히 저장해 둔다. '이런 걸 어디서 배웠을까?' 싶을 정도로 섬세한 손길로 마음을 쓴다. 어느새 농부의 마음이 되어 길을 걷고 있다.

막내 수녀님과 함께 일을 하다 보면 그저 엄마 웃음이 나오곤 한다. 풀을 매다가도, 낫질을 하다가도 순간순간 주변 사람들과 함께 감탄한다. "어머, 개구리 좀 보세요. 넌 왜 여기 나와 있어? 아직도 땅속에 안 들어간 거야?" 이런 대화를 들으면 수녀님이 그 어떤 과장도 없이 자연과 함께 살아가고 있다는 것을 알게 된다. 그야말로 '관상'하는 기도처럼 다가온다. 이렇게 생명과 함께하니 우리 손에 거둬지는 곡식에도 정성을 다하려고 마음을 쓴다. 그리고 공동체 수녀님들에게는 항상 해맑은 미소로 "네, 수녀님" 하며 존중하는 태도를 보인다. 그러니 막내 수녀님이 여기서 건강을 회복했다기보다, 수녀님에게서 자연도 힘을 받고 우리 공동체도 힘을 받고 있다.

“피조물의 웅대함과 아름다움으로 미루어 보아 그 창조자를 알 수 있다”지혜 13,5는 말씀처럼, 우리 막내 수녀님은 날마다 새로이 모든 피조물 속에서 하느님을 알아보고 이름을 불러준다. 그런 수녀님의 감탄과 찬미는 그저 고상한 척 뒷짐 지고 하늘만 올려다보며 하는 감탄이 아니라, 여린 손끝이 어느새 엄마 손처럼 갈라지고, 새까맣게 물든 손톱이 맑아질 새 없이 바쁜 중에도 나오는 감탄이니 곁에 있는 이들이 이 감탄에 귀 기울일 수밖에 없다. 사실 수녀님에게는 말하지 않았지만, 공동체 수녀님들과 이렇게 말하곤 한다. “하느님이 우리에게 보물을 보내주셨어요.”

우리는 막내 수녀님을 통해 우리를 둘러싼 것들 안에 계신 하느님을 알아보는 데에 시간을 할애하고 마음을 두는 법을 배운다. 프란치스코 교황님의 회칙 「찬미받으소서」에서 말하듯 “그분의 현존은 만들어지는 것이 아니라 발견되고 드러나야 하는 것”이다. 그냥 수동적인 자세가 되라는 것이 아니다. 발견하기 위해서는 찾는 마음이 필요하다. 생명 사이에서 이것을 발견하려는 자세가 우리가 회복해야 할 감수성이다.

참임금이신 우리 주님은 우리와 똑같은 모습으로, 가장 힘없는 아기의 모습으로 세상에 오시어 우리와 함께하시면서, 당신의 다스리심은 오롯이 '섬김'임을 보여주셨다. 주님은 우리도 당신처럼 섬기는 백성으로 살기를 원하신다. 이 섬김은 비굴한 종의 모습이 아니며, 어쩔 수 없이 마지못해 섬기는 모습도 아니다. 기꺼이 돌보고, 마음을 쏟고, 감탄하고, 경청하고, 사랑하고, 봉사하는 섬김이다. 우리 막내 수녀님이 순간순간 살아가는 모습이 바로 우리 주님이 보여주신 섬김의 삶임을 새삼 깨닫는다.

주님 앞에 설 수 있도록

수도생활을 시작하기 전, 수녀원에 입회하는 것이 나에게는 마치 '죽음'처럼 다가왔다. 완전히 새로운 삶으로 가는 것이었으니 정말 죽는 마음으로 입회했다. 많은 것이 달라졌지만, 그중에서도 '예수 그리스도'에 대해 함께 나누고 그분에 대해 배울 수 있다는 것이 참 행복했다. 조금씩 알아가면서는 그만큼 알게 된 것이 행복해서 세상을 다 가진 것 같았다. 또 무한하신 하느님을 더 깊이 알아가는 기도 시간이면 마음이 설렜다.

그런데 어느 날부터 내가 그분께 별로 합당하지 못하다는 생각이 들었다. 수도생활을 하면서도 내 속 깊이에서는 내 욕구대로, 내 뜻대로 사는 모습을 보게 되었기 때문이다. 그때 마침 샤머니즘 수업을 들을 때였는데, 함께 공부하던 학생들과 우리나라 인간문화재이신 무녀 김금화 님을 찾아가 인터뷰할 기회가 있었다. 그분은 나에게 복을 빌어주며 이렇게 말씀하셨다. "수녀님, 수녀님은 큰 신을 모신 분이고, 나는 잡신을 모신 무당이에요. 성모님 사랑받으며 끝까지 가세요." 무녀의 이 말씀이 참 겸손하게 다가왔다. 인터뷰를 마치고 우리는 풍어제에서 춤을 추는 무녀를 보았다. 잡신이라고 말했지만, 그 신과 하나 되어 뛰는 무녀의 몸짓을 보며 나 자신이 부끄러웠다. 나는 하느님 뜻을 따른다고 하면서도 수시로 내 멋대로 하는데, 자신이 원하지 않는 길일지라도 자신의 신과 혼연일체 된 무녀의 모습이 나를 되돌아보게 했다.

이런 내 생각은 하느님과 일치를 이루는 삶에서 중요한 질문을 던져주었다. 내가 따르고 있는 예수님은 아버지와 어떻게 일치를 이루셨을까? 그러고서 예수님의 삶을 따라가다 세례에 이르렀을 때 나는 알게 되었다. 요르단강에서 세례를 받으시는 예수님 위로 성령이 내려오시고 "이는 내가 사랑하는 아들, 내 마음에 드는 아들이다"마태 3,17라는 음성이 들려오자, 예수님은 '아빠, 아버지' 하고 응답하셨다. 이 깊은 사랑의 체험 이후로, 예수님은 죽기까지 아버지의 뜻을 따르신다. 세례를 받으시는 예수님의 모습을 새롭게 바라보게 되었을 때 나는 비로소 내가 믿는 하느님이 어떤 분인지를 알게 되었다. 내가 믿는 하느님은 내 욕구를 무시하거나 내 뜻과 자유를 억누르는 분이 아니다. 하느님은 당신 아들이 스스로 아버지의 뜻을 따를 때를 기다리는 분이지, 강요하는 분이 아니시다. 그러니 내가 예수님을 따른다는 것은 내 의지 없이 따라가는 게 아니라, 나 또한 예수님처럼 아버지의 뜻을 따르기로 선택하는 삶을 사는 것이다.

나는 초등학교 2학년 때 세례를 받았다. 세례를 받는 날, 신부님은 영세자들의 세례명을 정해 불러주셨다. 한 달에 한 번씩 공소에 오시던 신부님이 내 머리에 십자가를 그으며 "요한"이라고 하시자 맨 뒤에 계시던 공소 회장님이 급하게 달려와, "신부님, 얘 여자예요" 하셨다. 신부님은 당황

하시며 다시 내 머리에 손을 얹고 “체칠리아”라고 불러주셨다. 그러니 나는 요한도 체칠리아도 다 내 이름 같다. 그리고 바로 그 순간이 나에게 얼마나 중요했는지도 기억하게 된다.

예수님을 따르는 길에서 계속 그분을 찾다 보니, 그분의 세례에서 나의 세례를 발견하게 된다. 바로 내가 하느님의 자녀가 된 날, 그분의 아들이 된 그날이 성령과 함께 살아가는 첫걸음이었다. 내 자유를 존중하고 내가 당신의 뜻과 일치되기를 바라며 기다려 주시는 주님을 향하여 나아갈 수 있다는 것이 정말 감사하다. 나는 비록 약하지만 주님 앞에 설 수 있도록 내가 누구인지 깨닫게 하는 요르단강으로 간다, 성령 안에서.

기다리는 마음

어린 시절 나는 섬에서 살았다.

아주 작은 섬이라 이웃집에서 일어나는 일들을 서로 다 알고 있을 정도였다. 육지에서 배를 타고 세 시간 이상 들어와야 했고 배는 하루에 단 한 번 다녔다. 그래도 우리 섬에는 초등학교가 있었다. 어린 내 눈에 학교는 엄청나게 큰 세계였다. 학년별로 담임 선생님이 계셨는데 선생님들은 모두 사택에 머무르면서 토요일이면 육지로 나가셨다가 주일에 섬으로 돌아오셨다.

초등학교 1학년 때는 으레 왼쪽 가슴에 하얀 손수건을 달고 다녔는데, 지금도 기억나는 것을 보면 아마 습관이 될 만큼 매일 가슴에 손수건을 달았던 것 같다. 지금 1학년들은 그렇지 않지만, 당시 우리는 말 그대로 코흘리개였다. 그도 그럴 것이 시골 촌구석에서 얼마나 자유롭게 뛰어놀았겠는가? 우린 노는 게 정말 재미있었다. 이런 우리에게 외지에서 오신 선생님들은 특별하게 다가왔다. 우리와 다르게 얼굴도 하얗고, 옷매무새나 말씨도 세련되며, 우리 섬과 다른 도시 이야기를 해주셨다. 당시에는 서울 지역에 대해 듣는 것이 마치 다른 나라 이야기처럼 느껴졌었다. 부럽지는 않았지만, 책 속에서나 볼 수 있는 세상 이야기를 듣는 게 좋았다.

주말이 지나고 월요일에 학교에 가면, 담임 선생님이 초코파이를 하나씩 나눠주셨다. 그 맛이 얼마나 낯설었는지 나는 한참 뒤에야 초코파이 맛을 알게 되었다. 이렇게 외지 음식에도 낯을 가리는 '깡촌'이다 보니, 월요일마다 초코파이를 주시던 선생님이 우리 눈에는 정말 대단해 보였다. 우리 안에서 이런 소문도 돌았다. "선생님의 아빠가 초코파이

공장을 하신대." "아, 그래서 초코파이를 매주 가져오시는 거구나!"

정말 월요일이 기다려졌다. 그런데 우리는 초코파이를 먹는 월요일보다 선생님께서 섬으로 들어오시는 일요일이 더 좋았다. 우리는 아예 선착장으로 가서 여객선이 들어오기를 기다렸다. 한참을 놀다 보면 우리 중에 누군가가 "와, 저기 배 들어온다!"라고 외친다. 그러면 우리는 모두 배가 닿는 돌다리로 달려가서 선생님을 맞이했다. 배에서 내리며 우리를 향해 웃으시던 선생님의 환한 얼굴이 아직도 기억난다.

사랑하는 이를 만나기 위해 달려가는 마음은 행복하다. 사랑하는 이를 기다리는 마음도 마냥 기쁘다. 만나기 전부터 이미 행복하다. 사랑하는 이를 만날 수 있다는 희망은 어떤 어려움도 감수하는 용기를 준다. 그런데 사랑하는 이가 나를 보고 행복해하는 것을 보면 더욱 행복해진다. 그의 얼굴에서 사랑을 발견하게 되기 때문이다. 어린 시절 선생님의 얼굴에서 본 그 환한 사랑을 이제는 복음에서 발견한다. 새벽마다 설레며 복음을 읽고 묵상한다. 설레는 마음으로 주님 앞에 조아리며, 그분이 말씀하시도록 귀 기울인다. 이런 내 마음은 삶 속에서 예수님의 사랑이 드러나는 사람들과 생명들, 순간들에서 하느님의 자취를 발견하게 한다.

어린 시절, 누군가가 "저기 배 들어온다!"라고 외쳤던 것처럼, 광야에서 외치는 이의 소리가 들리고 있다. 주님이 오실 길을 마련하라고, 그분의 길을 곧게 내라고 외치고 있다. 이제는 부두로 나가지 않는다. 나는 오실 주님을 맞이하기 위해 마음 길을 곧게 하는 회개와 친교의 성사로 달려간다. 믿음과 소망과 사랑으로 기다리면, 우리 주님께서 환한 얼굴로 들어오실 테니.

모든 것은 그분의 계획이었다

우리 공동체는 산 밑에 자리해서 그런지 마을의 다른 집들에 비해 기온이 4도 정도 더 낮다. 그래서 처음 이곳에서 겨울을 맞이하는 수녀님들은 추위를 견디기 위해 마치 양파껍질 포개듯 옷을 껴입는다. 보일러도 최소로 켜고 지내니, 수녀님들은 아주 두꺼운 이불을 덮거나 이불 몇 개를 포개어 덮는다. 겨울철에 다른 곳에 가면 우리 공동체 수녀님들 얼굴만 빨갛다. 얼었다가 녹아서 사과처럼 빨개진 것이다.

첫해 겨울을 맞이하면서 나는 농사짓는 일이 나에게 맞는지, 아니면 다른 사도직을 청해야 할지 고민했었다. 그때 한 수녀님과 통화하면서 이런 말을 했다. "저는 저 자신이 너무 작다고 생각해요. 특별한 전망을 가지고 미래를 계획할 수 있는 분이 오시면 이곳이 더 성장할 텐데…. 구유에 계신 예수님께 뭘 드리기에는 저 자신이 너무 가진 것이 없어요." 수녀님은 내 이야기를 다 들으시더니, 이렇게 말씀하셨다. "수녀님, 지금은 수녀님 자신이 구유예요. 이미 모든 것을 예수님께 다 드렸잖아요? 수녀님에게 아기 예수님이 오셨고, 수녀님의 가난 위에 아기 예수님이 누워계신 거예요. 수녀님 자신이 구유예요."

왈칵 눈물이 쏟아졌다. 힘들다고 하지 않았는데, 가난하다고 말하지도 않았는데, 나를 알아봐 주고 '구유'라고 봐주시는 것이 황송하고 감사했다. 나는 문득, 부족함을 느끼지만 묵묵히 살아가려는 나 자신의 숨 안에서 이 땅에 어린 아기로 태어나 새근새근 숨 쉬고 계시는 예수님의 그 숨을 발견하게 되었다. 어렵다고 생각되었던 모든 것은 그저 예수님이 누우실 구유를 마련하는 일들이었던 것이다.

최근 몇 가지 일에 직면하면서 "주님, 당신은 저에게 무엇을 바라십니까?"라며 여쭙고 있었다. 그런데 한 선배 수녀님에게서 이런 말을 들었다. "분명한 것은, 우리를 위한 하느님의 계획은 아주 오래전부터 있었다는 거예요. 그런데 우리가 하는 계획은 그때그때 하게 되지요. 하느님께서 오래전부터 수녀님을 위해 계획하신 일이라면 그것을 따라야 하지 않을까요?" 이 말씀으로 나는 눈에 드러난 길을 보기보다 주님께서 마련하신 길을 더 구체적으로 의식하게 되었다.

돌아보면 삶에서 중요한 시기마다 누군가가 있었다. 담대히 결정을 해야 할 때나 식별을 하고 나서 한 발자국 내디딜 때, 진심으로 지지해 주며 '그래도 계속 가라', '주님의 계획이야', '네가 바로 주님이 머무실 구유야'라고 이야기해 주는 벗이 있었다. 나도 누군가에게 이런 벗이 되고 싶다. 이것은 성령으로 예수님을 잉태하신 성모님이 서둘러 엘리사벳에게 갔을 때, 엘리사벳이 성모님께 "행복하십니다, 주님께서 하신 말씀이 이루어지리라고 믿으신 분!"루카 1,45이라고 외친 말처럼 다가온다.

프란치스코 교황님은 회칙 「모든 형제들」에서, 종교나 국경을 넘어 우리 시대를 함께 살아가는 모든 형제들이 현재의 문제를 해결할 운명의 주역임을 자각할 수 있도록 관계해야 함을 요청하신다. 하느님께서는 직접 말씀하시기도 하지만 누군가를 통해서 나와 관계하시고 나에게 말씀하신다. 사실 우리 삶의 순간순간들이 이 계획 안에서 이루어지고 있다는 것을 그때마다 의식한다면, 나와 너의 모든 일을 마리아와 엘리사벳의 노래처럼 서로를 하느님의 구원 계획 안에서 바라볼 수 있을 것이다. 모든 것은 그분의 계획이었다는 것을….

누구를 위하여?

나는 어렸을 때부터 아침 일찍 일어났다. 아마 농부이신 부모님이 늘 일찍 일어나셨기 때문에 부모님을 따라 일어났던 것이 습관이 된 듯하다. 아버지는 새벽부터 방마다 아궁이에 불을 지피셨다. 불을 지피고 계신 아버지 옆에서 아무 말 없이 앉아 타들어 가는 장작을 지켜보았다. 다섯 살 때부터 아버지를 따라서 새로운 하루를 여는 일을 그렇게 시작했다. 언니들은 모두 자고 있었지만, 나는 아버지 곁에 있고 싶었다. 아버지는 아무 말씀도 하지 않으셨다. 그래서 나도 아무 말 하지 않아도 되었다. 아버지는 그저 "좀 더 자"라고 하셨지만, 나는 아버지와 함께 있는 것이 좋았다.

늦둥이로 태어난 나는 연로하신 부모님이 안쓰러웠기에 어떻게 해서든 부모님과 함께해야겠다는 생각이 늘 마음 깊은 곳에 있었다. 일찍 일어나는 것은 어느새 습관이 되었다. 그러니 수녀원에 와서 기도하기 위해 새벽에 일어나 성전을 찾는 것은 나에게 어려운 일이 아니었다. 오히려 아궁이 앞에서 불을 지피며 아버지와 함께 머물렀던 그 시간과, 성령의 불을 느끼며 하느님 아버지 곁에 앉아있는 시간이 겹쳐지면서 평범한 일상이 하느님과 함께하는 순간들로 여겨져 '카이로스'의 시간 안에서 부르심을 더욱 깊이 느끼게 되었다.

세례받은 이로서 하느님 아버지를 찾고 머물며 따르는 삶은, 일찍 일어나는 나에게 특별한 선물을 가져다주었다. 잠에서 깨어날 때 꿈을 기억하기도 하지만, 무의식 속에서 자칫하면 놓칠 수 있는 생각이나 꼭 기억해야 할 무엇을 되뇌며 일어날 수 있다. 그것은 주로 성경 말씀이나 예수님이 걸어가신 길의 어떤 뜻을 알게 한다. 그러니 이른 새벽 문득 나의 정신을 일깨우는 이 말씀은 나를 더 이상 누워있을 수 없게 한다. 그러고 보면 하느님은 각각의 모든 사람이 저마다 살아가는 방식으로 이미 찾아오셨고, 만나고 계신다. 아궁이에 불 땔 때, 주방에서 밥할 때, 땅과 생명을 돌볼 때, 사람들을 가르칠 때, 마음이 아픈 사람들을 만날 때, 난민과 북한 이탈 주민들의 머리 둘 곳 없는 상황에 함께할 때, 노동자와 소수자들의 절규에 함께할 때, 총부리 앞에서도 자유를 외칠 때, 이 모든 이를 위해 간절히 기도하고 도움의 손길을 내밀 때 우리는 그분과 함께 있는 것이다.

주님은 우리가 살아가는 방식 그대로 우리 곁에서 함께하신다. 그런데 여기에는 하나의 공통적인 원리가 있다. 그것은 '다른 사람들을 위하여'다. 이른 새벽부터 식은 구들장을 덥히기 위해 아궁이에 불을 지피신 아버지의 마음에는 어머니와 우리를 위한 사랑이 있었고, 아버지 곁에 있던 내게도 연로하신 아버지 옆을 지키고 싶은 아버지를 향한 사랑이 있었다.

우리는 하루에도 몇 번씩 성호를 그으면서 삼위일체이신 하느님의 사랑을 고백한다. 삼위일체의 사랑법은 서로를 향하는 이타적인 사랑으로 나타난다. 아버지와 아들과 성령의 친교 방법이다. 나 자신, 내 공동체의 안위만을 위하는 사랑은 이 사랑법과 다르다. 타인, 다른 생명에 대한 사랑이 없으면, 잔칫집에 술이 떨어져도 나와는 상관없는 일이 된다. 도움을 주는 무엇인가를 해야 할 때는 다른 사람들이 필요로 할 때다. 예수님도 당신의 '때'를 타인의 필요 안에서 알아보고 나아가셨다. 그분께서는 우리에게 "물독에 물을 채워라" 하고 말씀하신다.

우리 눈에는 의미 없어 보이고 일상적인 일이지만, 주님과 누군가를 위하여 그 일을 할 때 '기적'이 일어난다. '현실'이라는 이유로 철저히 이해타산을 생각하는 자리에는 기적이 일어날 수 없다. '나'를 위한 채움은 기를 써도 계산한 만큼만 얻을 수 있지만, '타인'을 위한 채움은 언제나 흘러넘친다. 주님이 우리와 함께하시며 물을 포도주로 바꿔주신다. 우리의 일상이 당신 백성에게 필요한 양식이 되게 하신다.

담대히 파도를 타며

밤도 낮처럼 밝은 도심의 거리에서 문득 떠오른 달이 정말 반가웠다. 제아무리 밝은 가로등이 많아도, 저 높은 빌딩의 불빛과 네온사인이 곳곳에서 빛나도, 생각지도 않게 그리운 벗의 얼굴을 발견한 듯 나도 달도 멈추어 한참을 바라봤다. 그저 감사한 시간이었다.

서울살이 중 어느 날, 어머니에게서 전화가 왔다. 아무리 궁금하셔도 연락 한번 안 주시는 어머니가 전화를 하셨기에 나는 놀라서 급하게 전화를 받았다. 어머니는 조카 결

혼식에 입을 한복을 찾고 있는데 혹시 내가 치웠는지 물으셨다. 그해 휴가 때에 대청소를 해드리고 왔기 때문에 내가 어머니의 오래된 한복을 버렸을까 봐 걱정하신 것이다. 나는 그 한복이 아버지가 어머니께 사주신 첫 선물이라 얼마나 소중한 것인지 알기 때문에 어디에 두었는지 곧바로 대답해 드릴 수 있었다. 이후 어머니는 "그런디 서울에서 잘 지내고 있는가? 농사일을 안 하게 돼서 덜 고될 것은 같은디, 얼마나 힘들어? 내가 울 애기 보고 싶고 궁금해서…"라고 말씀하셨다. 결국 아버지가 사주신 그 소중한 한복은 나에게 전화하기 위한 구실이었고, 내가 낯선 서울에서 잘 지내고 있는지 궁금하셨던 거다. 가슴이 먹먹했지만 잘 참고 "엄마 사랑해요"라는 말로 안심시켜 드렸다.

어머니는 막둥이인 나를 '울 애기'라고 부르셨다. 물론 요즘은 사람들 앞에서 '우리 수녀님'이라고 부르기도 하신다. 어머니에게 나는 끝까지 '아기'일 것이다. 몇 년 전 휴가에서 돌아오는 길에 부모님 뒷모습을 보며 가슴이 덜컹 내려앉았다. 너무나 작아지고 연로하신 두 분의 뒷모습이 마음에서 떠나지 않아, 수녀원에 도착하자마자 전화를 드렸다.

"엄마, 저는 다시 태어나도 엄마, 아버지 딸로 태어나고 싶어요." 어머니는 "엄마도 울 애기를 낳을 거여" 하시며 이렇게 말씀하셨다. "아가, 파도가 휘몰아쳐 오면 모든 것을 쓸어가 버릴 것 같어. 어렵고 힘들지. 그런디 파도는 한 번으로 끝나는 것이 아니라 저만치서 다시 밀려와. 그러니 파도가 또 밀려올 것을 알고 파도타기를 해야 하는 거여." 내가 어떻게 지내기를 바라시는지 잘 드러나는 말씀이었다. 파도타기를 하라…. 사실 이 파도타기는 내 삶 안에서 문득문득 이루어지고 있다. 파도에 어쩔 수 없이 떠밀리는 것과 다르게 파도 자체를 향유하는 것이다.

공생활에 들어가신 예수님은 듣기 좋은 칭찬도 받고, 어처구니없는 시험에도 들고, 수없이 판단을 받으신다. 심지어는 고향 사람들한테도 배척을 받으신다. 그런데 그럴 때마다 예수님은 담담하게 그들의 손에서 빠져나오신다. 누구의 판단에도 걸려들지 않으신다. 나는 기도 중에 이런 예수님의 모습을 볼 때면 어머니가 들려주신 파도 이야기가 떠오른다. 곧 더 큰 물결이 다가올 것을 알지만 지금 들이치는 파도를 담대히 맞이하는 것이다.

내 눈의 들보

농사지으러 강화도로 들어가기 전, 나는 어린이집에서 아이들을 가르쳤다. '사랑반'에서 네 살 아이들을 돌보며 나는 거의 엄마가 되었다. 옹알거리던 아이들이 어느 순간 아주 분명하게 '선생님'이라고 부를 때, 기저귀를 떼지 못했던 아이가 "쉬하고 싶어요", "응가하고 싶어요"라고 자기 의사를 표현할 때, 나는 아이를 키우는 엄마의 기쁨을 잠시 공감할 수 있었다.

혁원이라는 아이가 학기 중에 들어왔다. 나는 가끔 복음서에 나오는 '들보 이야기'를 볼 때마다 이 아이가 생각난다. 혁원이는 반 아이들보다 키도 크고 밝고 건강해 보였다. 유아기에는 1월에 태어난 아이와 12월에 태어난 아이의 발달 차이가 많이 난다. 혁원이는 1월에 태어났으니 생일이 늦은 네 살 친구들에게는 다섯 살 형님처럼 보였을 것이다. 그런데 혁원이는 자기 의사를 말로 표현하지 못했다. 말이 안 되니 답답할 때는 친구들을 밀어내고 꽥꽥 소리를 질렀다. 또 낮잠 시간에는 달리는 야생마처럼 곳곳을 뛰어다니며 이부자리에 들어가려 하지 않았다. 그때마다 혁원이를 안아서 재우는 일은 내 몫이었다. 처음에는 혁원이가 내 품에서 빠져나가려고 했다. 한 번도 품에 안겨보지 않았던 것처럼 어쩔 줄 몰라 했다. 눈을 마주 보며 뭔가를 확인하려는 듯했다. 그런데 내 팔에 눕히고 등을 쓸어주며 "혁원이도 힘들지? 괜찮아"라고 말해주자, 아이는 뭔가를 확인한 듯하더니 잠시 토닥이는 내 손길에 잠이 들었다. 이후 혁원이는 잠잘 때가 되면 내 옆으로 왔다. 혁원이는 사랑반에서 지내는 동안 말로는 제대로 표현 못 하지만 인지능력도 있었고 아이들과도 잘 지냈다.

혁원이가 사랑반에 온 지 한 달이 되어 혁원이 엄마와 면담을 했다. 나는 조심스럽게, 그러나 솔직하게 혁원이의 상태에 대해 말씀드렸다. 혁원이 엄마는 내 이야기를 들으시고 갑자기 울음을 터트리셨다. 그러고는 이렇게 말씀하셨다. “수녀님, 사실은 제가 우울증을 앓고 있어요. 그러면서 애 아빠와도 관계가 어려워져서 시골에 있는 친정에서 지냈어요. 거기에서 애를 혼자 놀게 방치했어요. 저는 아이가 어떤 상태인지 생각도 안 해봤어요. 그런데 어린이집에 다니면서 어느 날부터인지 잠을 잘 때면 제 곁에 와서 ‘자장자장’ 하며 저를 토닥여 줬어요. 아이의 손길이지만 제가 너무 위로받아서 엉엉 울었어요. 저는 단 한 번도 혁원이를 그렇게 토닥여서 재워본 적이 없거든요.”

혁원이 엄마는 아이를 위해 어떻게 해야 할지를 물으셨다. 이후 지역 복지센터의 언어치료 교실과 병행하여 혁원이가 언어로 표현할 수 있도록 도와줄 수 있게 되었고, 혁원이는 정말 빠른 속도로 언어를 습득하여 아주 침착한 아이가 되었다. 무엇보다도 혁원이 엄마의 표정이 아이와 더불어 밝아졌고, 더 건강해지셨다. 순간순간은 예측할 수 없었던 마술 같은 변화였다.

어른들은 아이들에게서 어떤 결핍이나 어려움을 발견하면, 그 아이를 어떻게 해서든지 설득하고 바꿔놓으려고 애쓴다. 그런데 잘 들여다보면 그 결핍과 문제의 시작점은 우리 어른에게서 왔음을 알 수 있다. 부모의 돌봄에 따라 아이들의 정서가 형성되고, 어른들의 선택으로 아이들의 미래가 결정된다. 어쩌면 우리가 눈으로 볼 수 있고 의식하는 문제들은 '눈의 티'에 비길 수 있다. 당장에 빼낼 수 있기 때문이다. 그러나 '들보'는 문제들의 원인이다. 아이에게는 부모가 들보고, 우리 시대의 수많은 문제에는 '가치관' 또는 '세계관'이 들보다. 세상을 보는 우리의 눈에서 먼저 들보를 빼내고 티를 빼줄 수 있을 때 제대로 도움이 될 수 있다. 혁원이 엄마가 자신의 아픈 상태를 인정한 후에야 혁원이에게 도움을 줄 수 있었던 것처럼 우리도 우리 자신의 들보를 볼 수 있어야 한다. 그러나 혁원이의 토닥임이 엄마를 변화시켰듯이 이러한 변화는 상호적으로 일어난다.

그리운 자리

어린 시절, 언니 오빠들이 모두 학교에 가고 나면 혼자 집에 있고 싶지 않아서 어머니를 따라 밭에 가곤 했다. 두 고개를 넘어가야 우리 밭이 있었는데, 어머니는 큰 고무대야에 점심때 먹을 밥과 몇 가지 반찬을 담은 뒤 머리에 이고는, 한 손으로는 중심을 잡고 다른 한 손으로는 내 손을 잡고 밭으로 향하셨다. 어머니와 함께 있으면 마냥 좋았다. 그래서 혼자 밭고랑에서 조개껍데기 몇 개로 소꿉놀이를 해도 재미나게 놀 수 있었다. 점심

때쯤이면 논에서 일하시던 아버지가 밭으로 오셨다. 어머니는 고무대야 위에 싸 온 밥과 반찬들을 펼쳐놓으셨다. 나는 일도 안 했는데 밥맛이 꿀맛이었다. 밭에서 나의 간식은 싱아와 찔레순 그리고 삘기였다. 내가 목마르다고 하니 아버지는 산자락에서 밭으로 이어진 개울로 나를 데려가 "아가, 이 물이 약수여"라고 가르쳐 주셨다. 나는 물가로 얼굴을 가져가 삐죽 입술을 내밀어 물을 먹었다. 어린 내 입에도 물맛이 달았다.

물소리, 바람 소리, 어머니의 호미 소리, 딱따구리와 비둘기와 풀벌레 소리 말고는 조용했던 밭에서의 일과는 해가 질 즈음 들리는 부엉이의 '부우엉' 소리에 마무리된다. 어머니는 "아가, 가자!" 하시며 다시 고무대야를 머리에 이고 왼손으로 내 손을 잡으신다. 작은 돌부리에도 잘 넘어졌던 내가 걱정되어 그 손을 놓지 못하셨다. 사실 어머니의 이 염려는 쉰 살이나 먹은 나에게 아직도 "아가, 넘어지지 않도록 항상 조심혀"라는 안부 인사로 계속되고 있다. 그러니 나는 여전히 내 오른손으로 어머니의 왼손을 잡고 걸어가는 여정에 있다. 그리움이 가득한 날, 하얀 도화지에 그림을 그리듯 글을 쓰려니 가장 먼저 땅과 어머니가 떠오른다. 발 없는 마음이 어머니와 밭으로 향하는 것을 막을 수가 없다. 그리운 마음이라도 그 길을 따라 걷도록 잠시 잠깐 내버려 두었더니 제 고향인 땅과 어머니를 금세도 찾는다.

믿는 내 마음이 찾는 고향이 하나 더 있다. 예수님이 제자들과 함께 머무신 기도의 자리다. 장궤틀 고여 앉아 눈 감은 채로 주님을 따라가는 기도의 자리다. 주님이 초대하셨고, 주님이 이곳에서 당신의 생각을 보여주신다. 주님이 가실 길을 생각하는데 내가 가야 할 길을 알게 되는 시간이다. 그러니 그분이 기도하시는 그곳에 함께 머무는 그 기억이 단지 제자만이 아니라 내가 함께한 기억의 자리가 되도록, 예수님은 그 작은 장궤틀을 도구 삼아 당신이 머무시는 산으로 오르도록 나를 초대하신다.

예수님은 당신이 어떤 기도를 하고 계시는지 알아차릴 수 있도록 다 보여주신다. 당신이 가실 길에서 겪게 될 어려움을 아시지만, 예언된 하느님의 아들이 바로 당신임을 아시는 그분은 끝까지 가기를 바라신다. 기도하는 많은 이들이 머리를 조아리고 무릎을 꿇지만, 다른 사람들 때문에 고난을 즐겨 받을 사람은 없다. 그러나 예수님은 그 길을 받아들이신다. 사명을 받아들인 사람의 모습은 어떤가? 예루살렘에서 이루실 일, 세상을 떠나시게 될 일을 알게 된 예수님의 모습은 이전과 달라졌다. 무엇에 대한 반영인가? 하느님 아버지의 얼굴을 반영하는 변모다. 그것이 어떤 환한 빛인지 그려낼 수는 없어도 다만 그분 가슴에 이미 가시관을 끌어안고 계심을 알 수 있다. 그리고 그분 안에서 나도 담대해진다.

나에게는 또 다른 그리운 자리가 있다. 택배 노동자들과 함께 촛불을 드는 자리, 기후 위기 피켓을 드는 자리, 삼척 화력발전소 건설을 반대하는 자리, 탈핵을 외치는 자리, 서울역과 남대문 노숙인들과 함께하는 자리, 전쟁을 반대하는 군중 속의 자리다. 바로 우리가 발 딛고 있는 세상의 자리다. 함께하면 '평화'의 빛깔로 번지는 자리다. 예루살렘으로 오르시는 예수님은 오늘도 당신 그리움의 대상인 '나', '우리'를 기다리신다.

"보소서, 두루마리에 저에 관하여 적혀있나이다."

아버지의 집으로

지금은 시골에서도 찾아보기 힘들지만, 내가 어릴 적에는 농사일을 할 때 이웃끼리 서로 '품앗이'를 해주는 좋은 풍습이 있었다. 그날은 어른들이 집에 안 계시니 집에서 놀던 아이들도 모두 밭이나 논으로 나가 점심을 먹었다. 그날 아이들은 어른들의 고됨은 모르고, 그저 들에서 맛난 것 먹고 즐거우니 명절처럼 좋기만 했다. 내 기억에 어른들도 우리를 흐뭇한 얼굴로 바라보셨던 것 같다.

품앗이가 있는 날, 막내 언니와 나는 어머니와 아버지보다 먼저 집으로 돌아와 평소 부모님이 하시던 집안일을 했다. 청소도 하고, 아궁이에 불도 넣었다. 그러다가 어머니가 돌아오시면 우리는 달려가 어머니 몸빼 주머니에 손을 넣었다. 역시나 노동 중에 어머니 몫으로 나온 새참인 '보름달 빵'이 양쪽 주머니에 하나씩 들어있었다. 종일토록 주머니에 들어있었으니, 조금은 눌리기도 하고 찌그러지기도 했지만, 보름달은 보름달이었다. 막내 언니와 나는 보름달 빵 하나씩 들고, 온 세상을 얻은 것처럼 행복해했다. 봉지를 뜯자마자 훅 올라오는 달콤한 냄새를 맡으면서 우리는 먹고 싶은 것을 꾹 참고 어머니께 드리곤 했다. 그러면 어머니는 늘 이렇게 말씀하셨다. "엄마는 이런 거 안 좋아해. 울 애기들 많이 먹어." 그때 나는 생각했다. '어른이 되면 이런 맛은 별로 좋아하지 않는구나.' 보름달이 반달이 되고, 초승달이 되고, 결국 손에서 없어지는 아쉬움이 있었지만 정말 행복한 맛이었다.

내가 다 자라서 어머니가 어린 나를 키우시던 그 나이가 되었던 어느 날, 문득 생각해 보니 어머니는 보름달 빵을 안 좋아하신 것이 아니었다. 나는 이미 그때의 어머니 나이인데도 달콤한 그 맛을 좋아한다. 어머니는 다만 당신 입의 달콤함보다 자식들이 좋아하는 모습을 보는 것이 더 행복하셨던 것이다. 사랑하는 이의 행복은 자신의 행복이 될 수 있다.

나는 '되찾은 아들의 비유' 말씀을 들을 때마다 작은아들이나 큰아들을 통해 나 자신의 유약하고 이기적인 모습을 발견한다. 항상 크고 자비로우신 하느님 안에서, 내 어머니와 아버지의 품처럼 넓은 사랑을 체험할 수 있었다. 그런데 최근에 이 비유가 조금 다른 의미로 다가왔다. 작은아들은 모든 것을 탕진했을 즈음 너무 배가 고파서 돼지들이 먹는 열매 꼬투리로라도 배를 채우기를 간절히 바랐다. 하지만 아무도 그에게 먹을 것을 주지 않자 그는 깨닫는다. 아버지의 그 많은 품팔이꾼도 먹을 것이 남아도는데 자신은 굶어 죽게 된 것이다. 그는 일어나 아버지께 가서 하늘과 아버지께 지은 죄를 고백하고, 자신은 아들이라고 불릴 자격조차 없는 존재이니 그저 품팔이꾼으로라도 삼아달라고 청할 마음으로 '아버지의 집'으로 향한다.

'아버지의 집'에서는 아무도 배곯지 않는다. 아들이든 품팔이꾼이든 모두가 배불리 먹고도 남는다. 아버지께서 주인이시기 때문에 아버지의 집이다. 주인은, 군림하고 자기 몫을 챙기고 혼자서 폭식하는 것이 아니라, 모두의 배고픔을 염려할 수 있을 때 될 수 있다. 곧 섬김의 다스림이다. 아버지의 집은 아버지께서 다스리신다. 작은아들이 아버지의 집으로 돌아오며 깊이 깨닫게 된 것은 배고픔을 채울 수 있는 부유한 아버지의 집이 아니라, 당신이 돌보는 누구라도 배곯지 않도록 염려하시는 아버지의 집이라는 것이다. 그러니 이 작은아들은 아버지의 아들이라 하여 자신이 누릴 몫만 챙기는 것이 아니라, 자신이 돌볼 몫을 찾게 된 것이다. 이것이 아들에게 주어진 몫이다. 큰아들은 방탕한 삶을 산 것도 아니고 돈을 탕진하지도 않았지만, 작은아들처럼 제 몫을 계산하고 있었다. 아버지께서 주시는 것은 모든 것인데, 아들들은 보이는 몫만 챙기려 한다. 잘 섬기고 돌보고 살리고 책임지고 다스리는 몫을 놓쳤다.

오늘 모든 인류가 아버지의 집으로 돌아가는 여정에 있다면, 우리가 정말 올바로 찾아야 할 것은 '섬김의 다스림'이 아닐까?

너를 위한 사랑

서울살이하던 어느 날, 새벽 미사를 드리기 위해 아파트에서 나와 담길을 따라 걸었다. 바닥에 소복이 쌓여있는 꽃잎을 보니 분명 아카시아꽃이었다. 담벼락 너머에 아카시아가 살고 있었는데 여태 몰랐다는 것이 이상해서 마스크를 내리고 코를 킁킁거리며 아카시아 향내를 맡아보려 했다. 내 기억 속에 있는 향을 꺼내보려 했으나 꽃에서 향이 나지 않았다. 저 높은 데에 포도송이처럼 주렁주렁 흰 꽃송이가 매달려 있건만 아무 향이 나지 않는 것이 놀라웠다. 꽃이 피었는데 향이 없다니, 안타까운 마음이 들었다. 본래 아카시아 향은 저 먼 산을 넘어온 바람 한 자락에도 진하게 묻어나 온 마을을 달콤한 향내로 물들이건만, 도심에서는 제자리에서조차 그 향을 감춘다는 것이 안타까웠다.

최근 생물학을 공부하신 한 선생님과 대화하다가 중요한 사실을 알게 되었다. 우리나라의 더덕은 그 향과 맛이 아주 특별한데, 중국이나 일본의 더덕은 생긴 것은 똑같아도 향이 없다고 한다. 그런데 중국의 향 없는 더덕을 가져다가 우리나라 땅에 심으면 신기하게도 향이 난다고 한다. 나는 이 이야기를 듣고 생각했다. 이 땅이 가지는 고유한 몫, 땅도 나름의 은사가 있다고. 하지만 안타깝게도 똑똑한 우리 인간들은 발 디딜 틈만 보여도 땅을 통제해 땅 나름의 고유함을 잃게 하여 그가 품어서 다른 생명이 향내 나도록 하는 은사를 기억할 수 없게 만들었다. 향이 없는 아카시아 꽃이라니, 한 번도 생각해 보지 않았다. 시골살이를 하면서는 진달래와 온갖 봄꽃 화전에, 아카시아꽃 튀김을 먹으며 하느님께 찬미드렸었다. 무엇보다도 꽃향기를 맡고 날아온 벌들이 바삐게 일하는 것을 볼 수 있었다. 그런데 제 향기를 잃은 꽃을 찾아올 벌이 있을까? 미안한 마음이 들었다, 땅과 꽃과 벌과 또 연결된 모든 생명에게….

어릴 때는 사랑에 대해 생각할 때면 보통 젊은이들의 가슴 떨리는 사랑을 생각했었다. 이십 대 초, 수녀원에 입회하여 수도생활을 하면서는 신랑이신 예수님을 사랑하며 지냈다. 그러면서 예수님처럼 생각하고 말하고 살아가는 사람들을 만나면, 오랜 울림 안에서 깊은 사랑을 체험하게 되었다. 그런데 이제 쉰이 넘어가는 때에 '사랑'은 조금 다르게 다가온다. 그동안 나는 사랑을 말할 때 늘 어떤 대상을 생각하면서 말해왔다. 누군가와 사랑을 주고받으며 상대방을 예수님처럼 보려 했고, 예수님처럼 대하려 했다. 그러면 주님도 나를 그렇게 바라보신다는 것을 느꼈다.

그리고 이제 내가 알아보게 되는 예수님은 누군가가 자기의 길을 찾을 수 있도록 도와주는 주변 인물들 속에 계신다. 도드라지지도 않고, 중요해 보이지도 않는다. 다만 누군가를 위해 받은 자신의 역할을 귀한 사명으로 여기고 묵묵히 살아가는 이들이다.

나이가 들면서 내려놓고 포기해야 하는 한계를 더 자주 만나게 된다. 그러는 중에 발견하게 되는 것은, 내 인생 전반에서 기억해 주지 않은 수많은 숨은 기도와 도움의 손길들이다. 사랑한다고 떠벌리지 않으면서도 내가 길을 잃지 않도록 이끌어 주는 사랑, 내가 나로 살도록 하는 사랑을 알아보게 되었다. 나도 누군가가 자신의 길을 가도록 이끌어 주는 손길이 되고 싶다. 그가 받은 은사를 발견하고 살 수 있도록 돕는 주변의 손길이 되는 것이야말로 정말 큰 사랑임을 생각하며, 이를 사명으로 여기게 된다.

땅이 다른 생명을 품어 그들이 제 향기를 내도록 하는 것, 꽃들이 벌들에게 꿀을 주고 열매를 맺어 다른 생명을 살리는 것, 벌들이 제 노동으로 꽃을 수정시키는 것 모두가 자신의 몫은 '너를 위한 사랑'임을 말하고 있다. 우리의 삶은 서로에게 연결된 퍼즐처럼, 서로를 받쳐주고 끼워주며 완성되는 하나의 작품이다. 이 사랑은 떠벌리고 돋보이고 화려하게 미화시키는 것이 아니라 자기 존재의 몫을 제대로 살게 한다.

나의 아버지

길을 걷다가 문득 고개를 들어보니 어느새 가로수마다 무성한 초록 잎을 입고 있었다. 여름이 올 거라는 신호다. 지난해 겨울부터 올봄 내내 비가 오지 않아 너무 가문 나머지 곳곳에 건조주의보가 내리고 산불도 이어졌다. 비 소식을 기다렸지만 소나기가 지나갔나 싶은 빗줄기만이 봄을 틔워놓고는 이제 깜깜무소식이다. 논밭을 가는 농부는 지금 얼마나 애간장이 탈까? 논에 물도 채우지 못하고 못자리만 해놓은 농부의 울부짖음이 느껴졌다. 밥을 먹는 것은 이 농부의 마음을 먹는 것임을 비로소 깨달으며 감사드리게 된다.

봄이 되면 나는 어느 계절보다도 부모님의 건강이 염려되었다. 생명이 움트는 봄에는 온 우주가 그들을 위해 힘을 쏟아주고, 또 그들은 그 생명력을 받아들이는 때이기 때문이다. 아버지가 돌아가시기 전, 혹여 집에서 전화라도 오면 가슴이 덜컹했다. 그런데 어느 날, 시골에서 부모님을 모시고 있는 올케언니가 아버지의 건강 상태가 안 좋다는 소식을 전했다. 이미 암 수술을 하신 터라 정말 잘 버텨주신다고 생각했는데, 92세의 연세로는 매우 힘드셨을 것이다.

아버지는 병원으로 옮겨지셨고, 의사 선생님은 가족들을 모두 부르셨다. 아버지를 수술해 주신 의사 선생님은 지속해서 아버지의 건강 상태를 봐주셨다. 의사 선생님이 부르셨으니 모두가 조마조마한 마음으로 병원으로 향했다. 가족이 모두 모이자 간호사 선생님이 진료 중이시던 의사 선생님께 우리 가족이 왔다는 것을 알렸다. 진료실에 모인 우리 가족에게 선생님은 아버지의 상태에 대해 말씀해 주셨다. “아버님 상태가 별로 좋지 않아요. 식사도 거의 못 하시고, 기력이 너무 없으십니다. 무엇보다도 아버님께서 의지를 놓으셨고요, 폐 상태도 안 좋으십니다. 요양병원이나 집으로 모시겠다고 하셨지만 아버님은 제가 여기서 마지막까지 모시겠습니다.” 가족 모두는 이 말씀을 듣고 너무 놀랐다. 본래 친절하신 분인 줄은 알고 있었지만, 우리 아버지를 당신의 아버지처럼 대하시는 그 모습에 어떻게 감사드려야 할지 몰랐다. 우리 가족은 아버지가 마지막에 이르셨다는 슬픔에 눈물을 흘렸고, 또 의사 선생님의 가족 같은 따뜻한 배려에 눈물을 흘렸다. 밖에서는 코로나19가 끝난 듯 마스크를 벗고 있지만, 병원은 아직 긴장 상태다. 그런데 의사 선생님은 처치실에서 마지막으로 온 가족이 아버지와 함께할 수 있게 해주셨다. 병원에 오지 못한 가족과는 영상통화를 하셨다.

아버지는 나를 보시더니 “수녀님이 기도를 너무 많이 해줘서 나를 안 데려가시나 봐. 그런디 이제 나는 가야 되겠어” 하고 말씀하셨다. 언니들은 아버지께 그런 말씀 마시라고 이야기했지만, 나는 힘든 아버지를 마냥 잡을 수만은 없었다. 나는 아버지께 '힘내세요, 아버지'라고 말씀드리지 않았다. 오히려 "아버지, 하느님 아버지께 '이제 저를 데려가 주세요. 제가 잠들었을 때 조용히 데려가 주세요. 저를 이만큼 살게 해주셔서 감사합니다. 하느님 아버지, 감사합니다'라고 기도하세요. 그리고 주님의 기도를 계속 하세요"라고 말씀드렸다. 막둥이 딸로서 마지막 순간까지 어리광하면서 아버지를 잡고도 싶었지만, 이제 주님의 평화 속에서 쉬게 해드려야 할 때였기 때문이다. 아버지는 내 말을 들으시자마자 주님의 기도를 하셨다.

그날 수녀원으로 돌아오는데 아버지와 함께했던 시간이 주마등처럼 스쳐 지나갔다. 그러고 보니, 아버지는 늘 내 곁에서 나를 지켜보시고 침묵으로 지지해 주셨다. 일일이 말씀하지 않으셨지만 내게 필요한 것을 채워주셨다. 나는 아버지가 늘 내 안에 함께 계시고 앞으로도 함께하신다는 것을 믿고 있다. 자연스레 주님께 숨을 돌려드리고 계신 아버지를 기억하며 주님의 평화를 간절히 청했다.

하늘 본향을 갈망하는 사람

서울살이하던 여름날, 방 온도가 35도까지 올라갔다. 선풍기가 정말 열심히 일을 하지만 공기는 여전히 뜨끈했다. 잠잘 때는 선풍기로 모자라 수건에 얼음 팩을 싸서 몸을 식히는 데 이용하곤 했는데 아주 괜찮은 방법이다. 시골살이할 때는 온종일 땀투성이 일복으로 지내다가도 저녁나절이면 선선한 밤 그늘로 들어가니 그저 밤이 고마울 따름이었는데, 도시에서는 한낮에 곳곳에서 맞은 에어컨 바람으로 무장되어 있어서 그런지 밤 그

늘의 서늘함이 덜 만족스럽게 다가왔다.

아버지가 아주 위독하셨다가 고비를 넘기고 조금 나아지셨을 때, 나에게 말씀하셨다. "나 또 살아왔네. 이제는 하느님께서 데려가셨으면 좋겠어. 수녀님이 아버지 살려달라고 너무 열심히 기도하는 거 아녀? 이제 가야지. 안 그려?" 말씀은 많지 않으셔도 워낙 유머가 있으셔서 당신의 어려운 상황을 재미있게 표현하셨다. 사실 나는 아버지가 평안하게 하느님 품으로 가실 수 있도록 기도했다. 그러면서도 내 마음 깊은 곳에서는 아버지 말씀처럼 '아버지'를 계속 부르고 싶은 바람으로 살아계시기를 바랐던 것 같다. 나는 언니들처럼 자주 찾아가 뵐 수도 없고, 특별히 해드릴 수 있는 것도 없으면서 아버지가 살아계시기를 바랐다.

그해 성 요아킴 축일에 아버지는 하늘로 돌아가셨다. 전날 나는 일이 있어서 멀리 부산에 있었는데, 연락을 받고 병원으로 달려가 보니 이미 온 가족과 인사를 나누신 뒤였다. 언니들이 말했다. "아버지가 기다리고 계셔. 지금 엄청 힘드신데 수녀님 보고 가시려고 힘들게 기다리고 계신 것

같아."

코로나19의 감염을 우려한 병원에서는 환자의 면회를 두 사람씩으로 제한했기 때문에 나는 어머니와 함께 아버지 병실에 들어갔다. 앙상하게 뼈만 남은 아버지는 숨을 몰아쉬시면서도 나와 어머니의 목소리를 들으며 손을 꼭 잡아주셨다. 나는 아버지께 두려워하지 마시라고, 이제 평안해지실 거라고 안심시켜 드렸다. "아버지, 이제 아버지께서 바라시던 하느님 품으로 가시는 거예요. 두려워하지 마세요. 하느님께서 '수고했다, 내 사랑하는 아들아' 하고 불러주실 거예요. 계속 주님의 기도를 바치시면 하느님께서 아버지를 알아보실 거예요." 어머니는 소리도 못 내고 눈물을 흘리셨다. "여보, 미안해. 좀 더 잘해주지 못해 미안해." 알아들을 수는 없었지만, 아버지는 계속 뭐라고 말씀하셨다. 그러고는 평안히 눈을 감으셨다.

아버지의 세례명이 요아킴이라, 성 요아킴 축일에 돌아가신 것이 큰 축복으로 느껴졌다. 장례를 치르는 동안 우리 가족은 각자 아버지와 함께했던 이야기를 나누었는데, 살아계실 때보다 아버지에 대해 더 많이 알게 되었다. 아버지는 어떤 어려움이 와도 그 누구 탓도 하지 않고, 당신이 감수하며 사셨던 것 같다. 어떻게 그 엄청난 사건을 단 한 번도 내색하지 않고 침묵하셨을까 싶은 이야기도 있었다. 이야기와 관련 있는 분들이 찾아오셔서 꺼이꺼이 울고 가셨다. 가족 모두가 아버지를 기억하며 웃다가 울다가 하면서 더욱 하나가 되는 시간이었다. 그리고 우리는 알게 되었다. 아버지가 우리에게 참으로 남겨주고 싶으신 유산이 무엇인지를. 그것은 형제들이 오순도순 사랑하며 지내는 것이다. 그 어떤 어려움도 이 사랑을 갈라놓을 수 없다는 것을 아버지는 보여주셨다.

문득 십자가에 계신 예수님을 바라보았다. 92세로 세상을 떠나셨지만 주어진 숨을 충실히 끝까지 쉬며 인내와 침묵으로 하느님 뜻을 찾은 아버지의 모습이 예수님과 일치되어 보였다. 수녀 딸이 첫 서원을 하고 나서 하느님의 부르심을 들으신 아버지는 세례를 받고 하느님을 섬기기 시작하셨다. 오롯한 마음으로 새벽 네 시면 촛불을 밝히고 두 손을 합장하시던 아버지의 모습은 하늘 본향을 갈망하는 한 인간의 모습으로 내 마음에 살아있다. “아버지, 막내딸

이 많이 사랑해요" 이렇게 인사드리면, 아버지는 으레 "나도 많이 사랑해요"라고 말씀해 주셨다.

"아버지, 사랑합니다. 그리고 감사합니다."

신앙인의 월동 준비

도시에서는 구석진 길가에 자라난 풀도 마치 화기花器에 담긴 꽃처럼 소중하게 다가온다. 생명력을 보여주기 때문이다. 가을이 되어 초록 옷이 갈색이 되어도 보기에 좋기만 하다. 꽃꽂이해 놓은 듯 탐스러운 강아지풀과 수크령이 바람 불 때마다 제 몸을 흔드는 게 예쁘다. 당연하게 여겼던 모든 것도 다시 생각해 보면 함께 살 수 있어 복되게 느껴진다.

가을에는 더욱더 추억에 젖게 된다. 아무래도 내 몸이 기억하는 가을이 있기 때문인 듯하다. 어린 시절, 아버지는 초가을부터 겨울을 날 땔감을 준비하셨다. 지게에 장작용 나무를 지고 가실 때에 나는 아버지 뒤를 졸졸 따라가며 나름 큰 나뭇가지라고 생각하는 나무를 끌고 집으로 돌아왔다. 어린 내 눈에 아버지의 지게는 너무 크고 무거워 보였다. 그래서 나에게 아버지는 엄청 힘센 분으로 느껴졌다. 그런데 뒤뜰에 지게를 내려놓으실 때 아버지의 젖은 등을 보면서, 나는 내가 지게를 대신 질 수 있는 나이가 빨리 오게 해달라고 기도했었다. 아버지는 내가 가져온 나뭇가지들을 보시며 "울 애기가 불쏘시개를 잘 골라왔구나" 하고 말씀하셨다. 한 아름도 안 되는 가지들이 얼마나 도움이 될까 싶지마는 아버지의 말씀은 내가 아버지께 도움이 되었다는, 꼭 필요한 일을 했다는 의미로 다가왔다.

시골에서 가을부터 겨울을 날 월동 준비를 할 때 땔감을 준비하는 것은 정말 큰일이었다. 우리는 산에 쓰러진 나무와 썩은 나무를 골라 땔감으로 사용했다. 아버지는 이렇게 말씀하셨다. "우리가 쓰러진 나무를 정리해 주면 숲이

고마워할 거여. 우리는 땔감을 마련하고 숲은 정리가 되니께 서로 좋은 거지. 알고 보면 서로 기대며 사는 거여." 정말 그랬다. 아버지는 소나무를 점령해 버린 칡넝쿨을 낫과 갈퀴로 끌어내려 숨통이 트이게 만들어 주셨다. 그러면 나무가 말끔히 제 모습을 드러냈다. 땔감을 마련하는 일은 정말 힘든 일이었지만 그것은 우리가 살아가는 이야기였다.

가을이 되면 오빠는 항상 학교에 가기 전, 새벽에 산으로 올라가 상수리와 도토리를 가마니에 주워 와서 뒤뜰에 부어놓았다. 뒤뜰이 온통 도토리로 가득해지자 오빠는 그 위에 나무 썰매 두 개를 올려주며, 나와 막내 언니에게 자주 가서 타라고 이야기했다. 동글동글한 도토리와 상수리 위에서 썰매를 타는 것이 얼마나 재미있던지. 겨울철 빙판과는 또 다른 맛이 있었다. '타다닥!' 썰매 밑에서 껍질 부서지는 소리가 재미있었다. 그러면 어머니는 부서진 상수리와 도토리만 골라서 그것으로 묵을 만드셨다. 어머니가 일하기 어려우실까 봐 오빠가 생각해 낸 건데 지금 생각해도 정말 기막힌 방법이다. 이렇게 월동 준비는 우리 온 가족의 일이었고, 삶이었다.

모든 것이 간소화되고 편리해진 오늘날에는 이러한 불편이 무의미해 보이지만, 자연에 기대어 살면서도 그렇지 않은 것처럼 살아가는 우리는 어쩌면 '바보' 같다. 서로 기대며 살아가는 감각을 잃어버리고 누가 우리를 숨 쉬게 해 주는지도 모르는 바보다. 엄청나게 공부하고 대단한 학위를 받았어도 '우리는 서로 기대어 살아가는 존재'임을 배우지 못했다면 헛배운 것이다. 부모님께 자연스럽게 배워온 삶에는 자연과 함께 살아가는 지혜가 있다. 나는 우리가 이러한 가르침으로 돌아가야 한다고 생각한다.

주님을 보기 위해 돌무화과나무에 오른 자캐오를 주님이 알아봐 주시자, 그는 자기 재산의 반을 가난한 이들에게 주고 싶어 한다. 지금은 우리가 마음의 월동 준비를 할 때다. 주님이 우리 집에 머무시겠다고 하는 소리에 귀 기울일 때다. 자캐오는 우리에게 얼른 나무에서 내려와 예수님을 맞이하고 그동안 소홀했던 자연과 이웃에게 우리가 가진 것을 나누라고 말하고 있다. 신앙인의 월동 준비!

죽음의 공포에
사로잡혔을 때

2004년 12월 14일, 오빠가 갑작스러운 사고로 생존율 5퍼센트라는 진단을 받았다. 당시 나는 종신서원 전이었지만, 오빠가 위독했기에 언제라도 병원에 다녀오라는 허락을 받고 날마다 중환자실로 가서 기도했다. "주님, 지금 오빠를 데려가시면 안 돼요. 새언니와 부모님, 아이들도 있잖아요. 주님, 차라리 저를 데려가세요. 저는 언제든지 괜찮습니다." 하루가 지나고, 또 하루가 지났다. 나는 이렇게 기도하고 있었다. "주님, 당신이 시키시면 무엇이든지 하겠습니다. 제발 오빠만 살려주세요." 온 동네 사람들이 중환자실 앞에서 오빠를 위해 마음으로 기도해 주고 가셨다. 목사님, 신부님, 불자들까지 오셔서 기도해 주고 가셨다.

일주일이 지나자 의사 선생님이 나와 새언니에게 환자가 모든 의지를 놓았으니 이제 죽음을 준비하라고 했다. 오빠는 일주일 만에 몸의 모든 근육이 빠지고, 그나마 헐떡이던 숨도 여리게 쉬며, 정말 모든 의지를 내려놓은 듯해 보였다. 그래서 새언니에게 마음 단단히 먹고 준비하자고 이야기하고 병원에서 수녀원으로 돌아오는데, 이상하게도 나는 이렇게 기도하고 있었다.

"주님, 이제 당신이 일하실 때입니다."

그 시간은 정말 아무 소리도 나지 않는 심연 속에서 오로지 하느님을 설득하는 나의 부르짖음만 있는 것 같았다. 나는 계속해서 주님께 의탁하며 기도했다. 그런데 12월 24일, 오빠의 상태가 더 안 좋아져서 이제 정말 죽음을 준비해야 하나 보다 생각하고 있었는데, 갑자기 오빠의 눈꺼

풀이 살짝 움직였다. 맥박도 서서히 빨라지고 손가락도 움직였다. 간호사 선생님이 오빠를 부르며 "제 소리가 들리세요?" 하고 묻자 오빠는 눈을 깜박였다. 나와 새언니 그리고 같은 병실에 있는 환자들의 가족과 간호사 선생님까지 오빠의 움직임을 보며 부둥켜안고 기쁨의 눈물을 흘렸다.

그날, 예수님 탄생과 함께 오빠의 눈뜸은 오빠를 위해 기도한 모든 이에게 깊은 체험이 되었다.

죽음의 공포에 사로잡힌 에스테르 왕비는 오로지 주님만이 도와주실 분이라는 것을 고백하며, "저희 고난의 때에 당신 자신을 알리소서"에스 4,17㉓라고 기도했다. 그리고 '당신께서는 모든 것을 알고 계십니다'라며 구원해 주실 하느님께 대한 믿음을 보인다. 진정 그분을 설득할 수 있는 기도는 주님께서 다 아신다는 것, 주님께서 이루실 것을 믿는다는 고백이다. 예수님은 청하는 이는 받고, 찾는 이는 얻고, 문을 두드리는 이에게는 열릴 것이라고 말씀하셨다. 이 말씀에 힘입어 나는 대뜸 인류가 직면한 기후 위기의 상황에서 아브라함의 기도를 바치게 된다.창세 18장 이미 '죽음의 공포'에 떨고 있는 가난한 사람들, 생명들이 울부짖고 있기 때문이다. 그들의 기도를 교회 안으로 가져와 주님께서 이루어 주실 것을 믿으며 기도해야 한다.

'저는 비록 먼지와 재에 지나지 않는 몸이지만, 주님께 감히 아룁니다. 주님, 당신 백성의 믿음을 보시어 저희에게 자비를 베푸소서.'

기다림은
그리움과 함께

누군가를 애타게 기다렸던 기억을 더듬어 보면, 가장 먼저 어머니의 분 냄새가 떠오른다. 어머니의 고향은 서울이다. 서울 처녀가 시골, 그것도 섬으로 들어와 사시게 되었으니, 어머니는 외가에 가실 적마다 가장 좋은 옷을 입으시고, 얼굴에는 평소 바르지 않던 분도 바르셨다. 배를 타고 나가셔야 했으니 하룻길로 다녀오실 수 없었고 이삼일 지나서야 돌아오셨는데, 어머니를 기다리던 나에게는 몇 달이 지난 것처럼 느껴졌다. 배가 도착할 즈음 선착장으로 가서 놀다가 어머니가 배에서 내리시는 것을 보면 달려갔는데, 마치 긴 세월 동안 헤어졌다가 만나는 것처럼 반가웠다. 그때 어머니가 나를 꼭 안아주셨는데, 어머니에게서 나는 그 분 냄새가 그렇게 좋을 수 없었다. 요즘 볼 수 있는 고급스러운 화장품 향기가 아니라, 촌스럽지만 익숙한 분 냄새가 지금도 내 어머니의 향기처럼 다가온다.

나에게 기다림은 그리움이라는 단어와 함께 자리하고 있다. 이 그리움은 막연히 누군가를 기다리는 것이 아니라 그에 대한 사랑의 기억으로 기다리는 것이기 때문이다. 내 인생 여정에서, 수녀원 밖에서 산 시간보다 수녀원 안에서 산 시간이 더 많아지고 있다. 문득 돌아보니 한 해 한 해가 차곡차곡 쌓였다기보다는 기다림으로 걸어온 여정이라는 생각이 든다. 다양한 상황, 다양한 일과 사람들을 마주하고 살아오면서 나는 점점 더 분명하게 한 분을 기다리고 있다. 머릿수건 밖으로 드러난 내 머리카락이 점점 하얘지는 만큼 나는 그 한 분에 대한 사랑으로 물들어 가고 있다. 내 좁은 생각으로는 감히 계획할 수 없는 이 삶 안에서, 내 그리움의 대상인 하느님께서는 기다림으로 걷고 있는 나에게 당신을 순간순간 맞이하도록 문을 열어주셨다. 이 문으로 들어가는 것이 바로 길을 걷는 것이었다. 그러니 어떤 삶이라도 그 자체가 너무나 소중하게 다가온다. 삶 자체가 하느님을 기다리고 만나는 장소이기 때문이다.

예수님이 오실 길을 준비하던 요한은 어떤 마음이었을까? 그의 삶 곳곳에서 주님이 오실 길을 미리 준비하며, 그 분이 오실 때에 알아보게 될 표징들이 나타나기를 기다리고 있었을 것이다. 그러니 요한은 제자들을 예수님께 보내어 자신이 기다리던 분이 당신인지를 여쭐 수 있었다. 그리고 일종의 암호처럼 예수님은 당신을 기다리는 이라면 당신께서 보여주시는 표징이 무엇을 의미하는지 알 것이라고 말씀하신다. 그들이 보고 들은 것은 '눈먼 이들이 보고 다리 저는 이들이 제대로 걸으며, 나병 환자들이 깨끗해지고 귀먹은 이들이 들으며, 죽은 이들이 살아나고 가난한 이들이 복음을 듣는' 것이었다. 메시아의 도래를 의미하는 이 말씀이 '지금, 여기'에서 이루어지고 있음을 본 요한의 제자들에게 또 다른 부연 설명은 필요치 않았다. 요한은 온 생애

동안 자신이 기다리는 분이 어떤 분인지를 기억하며 살았고, 자신의 제자들에게도 그것을 알려주었을 것이기 때문이다.

암호와도 같은 예수님의 이 말씀을 들을 때마다 마음이 설레는 것은 왜일까? 그러면서 문득 눈멀고 귀먹고, 병약하고 가난한 이들이 희망을 보는 세상인지, 아니면 절망 속에서 허우적거리는 세상인지 묻게 된다. 나 역시 그리스도인으로서 주님 오심을 기다리지만, 그분이 누구에게 다가가시고 손을 뻗으시는지 보고 있지 않을 때가 많다. 그분과 함께하지 않으면 그분이 드러내시는 표징을 알아보기 힘들 것이다. 마냥 기다리는 것이 아니라, '때'를 알고 마중 나가는 이의 자세가 우리에게 필요하다. 내 주변 가난한 이의 얼굴에 행복한 미소가 흐르도록 할 때 그분 오실 길이 마련되는 것임을 깨어 살펴보자. 평화!

예수 그리스도의 사람

아버지가 하느님 품으로 돌아가시고, 다섯 달이 지나도록 집에 가지 못했다. 날을 좀 넉넉히 잡고 어머니를 찾아뵙고 싶었지만 바쁘다는 핑계로 도무지 시간을 내지 못했다. 그렇게 12월이 오자 더는 안 될 것 같아서 주말에 하룻밤을 끼고 어머니를 찾아뵈었다. 어머니는 88세의 연세에도 여전히 바삐 뭔가를 하고 계셨다. 하루 중 대부분의 시간을 바느질하고 기도하는 데 보내셨는데, 수녀원식으로 표현하면 '재봉실 소임'인 것이다. 본래

바느질을 잘하셨지만, 눈도 침침하신 어머니는 돋보기를 끼고 종일 바느질을 하셨다.

"느이 아버지 돌아가실 때 입으라고 삼베로 옷을 지어놨더니만, 장례업체에서 다른 것을 입혀드렸어. 방구석에 두고 보기가 그래서 내가 다시 다 뜯어서 베 보자기로 만들었더니, 느이 올케가 가져다가 필요한 사람들한테 나눠주니까 좋아하더래. 두부 망 같은 거는 요즘 사람들이 만들 줄 모르거든." 어머니가 바느질하신 것을 보니 정말 섬세하게 잘하셨다. 젊은 날에 수 잘 놓기로 유명하셨지만 지금 저 연세에도 재봉틀로 박은 것처럼 손바느질을 하고 계셨다.

어머니 방에 들어가면 기도 상에 아버지 영정 사진이 자리하고 있다. 아버지 얼굴을 보니 곁에 계신 것처럼 느껴졌다. 방에서 아버지의 침대를 치우는 문제로 어머니는 언니들에게 맘이 상하셨다고 한다. 결국 아버지의 침대는 버리지 않고 방에 두기로 했다고 한다. 나는 어머니를 보며 그냥 이해가 되었다. 어머니는 아버지에게 '사랑한다'는 말이나 살가운 표현은 안 하셨지만, 그래도 평생을 함께하다가 혼자되시니 그 몇 가지 흔적을 쉽게 태워버리기가 어려우셨던 것이다. 문득 어머니는 이런 말씀을 하셨다. "예순여섯 해를 함께 살았어. 그려도 나는 느이 아버지 만나서 이만큼 살았으니 됐어. 복 있는 거지. 그려도 뭔가 서운하고 그러네."

오후 세 시가 되니 어머니는 "이제 기도 시간이여. 이 시간에 예수님이 돌아가셨기 때문에 지금 기도하면 제일 좋아. 내가 이렇게 기도하고 있으면, 느이 아버지가 저 침대에서 같이 기도했던 것이 떠올라. 하늘에서도 같이 허겄지. 느이 아버지는 하느님 곁에 있을 거여. 좋은 사람이니께" 하시며 묵주를 꺼냈다. 기도 소리를 들어보니, 단순한 묵주기도가 아니었다. 돌아가신 아버지를 포함하여 온 가족을 기억하는 기도였다. 평소에는 애틋한 사랑을 표현하실 줄 모르면서도 기도할 때만은 당신 마음을 다 쏟아내셨다. "사랑이신 아버지, 당신께서 불러가신 요아킴은 착한 사람입니다. 부디 아버지 품에서 평안할 수 있도록 안아주소서"로 시작된 어머니의 기도에 나는 소리 없이 눈물을 흘렸다.

어머니는 아버지가 생전에 귀하게 여기신 몇 가지를 버리지 않고 그대로 두셨다. 내가 청원자일 때 아버지께 만들어 드린 복주머니를 기도 상에 두셨길래 그것을 펼쳐보았다. 아버지가 사용하시던 묵주와 내가 그린 그림들 가운데 인쇄된 것은 모두 오려서 모아두셨다. 어머니가 말씀하셨다. "그냥 둬. 내가 모은 거여." 나는 지금까지 어머니가 아니라 아버지가 모으신 줄 알았다. 그러고 보니, 아버지와 어머니는 늘 이렇게 함께 일하고 계셨다. 아버지가 하신 일이 알고 보면 어머니가 하신 일이었다.

수녀원으로 돌아가는 길에 어머니를 생각하니, 어머니의 모습에서 성가정의 모습을 기억할 수 있었다. 예수님이 오실 길을 준비하신 마리아와 그 곁에서 조용히 믿음으로 함께 걸으신 요셉을 볼 수 있었기 때문이다. 저 평범하고 순박한 어머니의 모습에서 마리아를, 그리고 요셉을 볼 수 있었다.

3부

세상의 자리에서

세상이라는 도화지에 그림을 그려요

바람이 차다. 시골에서 살 때는 산자락 아래로 고이는 바람을 나무가 막아주어 트인 골을 따라서 휘돌아 마을 밖으로 나가니 얼굴에 닿는 바람이 아프게 느껴지지 않았는데, 도심의 빌딩 숲 사이로 휘몰아치는 바람은 건물마다 제 몸 부딪혀 결국 사나운 '바람 싸다구'가 되어 두 볼을 아프게 한다.

날마다 흙을 보고 디디며 시작했던 나의 하루를 이젠 아

스팔트를 보고 디디며 시작하고 있다. 촌놈이 상경했으니 그 어려움을 염려하는 말씀이 주변에서 전해지곤 한다. 긴 시간을 흙바닥에서 살았기에 분명 정서적으로 다름을 느낀다. 그런데 나는 서울역 한복판이, 광화문 한복판이, 밭처럼 논처럼 여겨진다. 아직 일구지 않은 황무지처럼 다가온다. 그러니 일굴 수 있다는 희망이 보인다. 이 땅의 얼굴을 새롭게 하려면 어떻게 일궈야 할까?

남대문 앞에서 밥 나눔을 하시는 수녀님을 찾아가 함께 나눔을 했다. 어디에서 오셨는지 봉사자들과 수녀님들이 와계셨다. 누군가가 능숙하게 승합차 안에서 접이식 탁자를 꺼내어 자동차 뒤에 펼쳐놓았다. 또 누군가는 밥을 푸고, 누군가는 국을 퍼서 따뜻한 국밥을 마련했다. 추운 겨울밤 따뜻한 국물이 식을세라 종종걸음으로 지하도와 서울역 텐트로 향했다. “감사합니다, 새해 복 많이 받으세요” 라고 인사하시는 분들도 계셨다. 노숙인 가운데에는 반장님도 계셔서 밥 나눔이 순조롭게 진행될 수 있도록 도와주셨다. 그 많은 노숙인 가운데 어떤 분이 국밥을 받지 못했는지 알아보고 모두가 배불리 먹을 수 있도록 도와주신다.

마치 오천 명이 예수님 앞에 모여 앉아 빵을 받아먹을 때, 예수님에게서 빵을 받아 군중에게 나눠주었던 제자들처럼 반장님은 음식을 받아 한 분 한 분께 전해드렸다. 나에게는 이 나눔의 밥상이 성사로 다가왔다. 접이식 탁자는 제대요, 따뜻한 국밥은 사랑의 빵이다. 그러고 보면 우리 주님이 빵이 되어 오시는 그 거룩한 신비는 아무도 배고프지 않도록 하시려는 주님의 바람이었음을 문득 깨닫는다.

배부른 이들에게 음식은 별 의미가 없으나 허기진 이들에게는 간절함이다. 바꿔서 생각해 보면 성체는, 생명의 빵에 허기진 하느님 백성들에게는 주님과의 일치에 이르게 하는 너무도 간절한 양식이지만, 세상의 갖가지 맛에 길들어 더는 하느님과 일치하기를 갈망하지 않는 이들에게는 그저 제병일 뿐이다.

언젠가 나는 농사지으며 계속 그림을 그리라고 권하는 분들께 이렇게 말씀드렸다. "저희는 밭에다 그림을 그려요." 씨앗을 심고, 가꾸고, 열매 맺는 과정 안에서 나타나는 그 아름다움이 예술작품 그대로이기 때문이다. 그리고 돌보는 손길이 마치 그림을 그리는 것처럼 느껴져 그렇게 말씀드렸다. 그런데 이제 도심 한복판으로 왔으니, 이렇게 말씀드리고 싶다. “저는 광장 한복판에다 그림을 그려요.”

오고 가는 사람들의 눈빛에서 나는 읽을 수 있었다. 밥을 나눌 때도, 피켓을 들고 서있을 때도, 사람들의 마음 밭이 녹고 있다는 것을. 밑그림 그리듯, 밭갈이하듯, 사람들 서리에서 땅의 얼굴을 대하고 있다.

예수님은 성령께 인도되어 요르단강으로 가셨다. 광화문 한복판에서 ‘기후 위기’를 적은 피켓을 들고 서있는 동안 나는 “이는 내가 사랑하는 아들, 내 마음에 드는 아들이다” 마태 3,17라는 음성을 되새기게 되었다. 세례받으신 주님은 성령께 인도되어 광야로 가시고, 끝까지 하느님 나라를 선포하신다. 성령께서는 우리에게도 저마다의 길에서 하느님 나라를 선포하도록 재촉하신다. 그래서 나는 이제 ‘정의와 평화, 그리고 창조 질서 회복’이라는 작품명에 맞는 그림을 그리기 위해 기꺼운 발걸음을 옮기고 싶다.

사람들 사이에서 발견한 아름다움

강화도에 살 때는 문만 열면 자연과 맞닿은 공기를 마실 수 있었다. 그러니 어쩌다가 미세먼지로 공기가 안 좋은 날이면 온종일 심각한 기후변화에 관해 이야기하곤 했다. 그런데 같은 시각에 숨 쉬며 살면서도 서울에서는 어쩌다가 미세먼지가 없는 날이 되면 밖을 내다보며 그나마 '오늘'은 맑은 하늘을 볼 수 있다는 것에 만족하게 된다. 강화도에서 봤던 사람들의 밝은 얼굴들과 대조적으로 도심에서 마주하는 사람들은 마스크 안에 표정을 봉인한 듯한 모습이다. 색으로 표현하자면 무채색이 떠오른다. 그러나 하루하루 도심에서 생활하다 보니 촌뜨기가 도심을 바라보는 방법을 몰라서 알아보지 못했을 뿐, 정말 다양한 색이 곳곳에 있음을 조금씩 알게 된다. 시골에서는 펼쳐진 그 환경 자체가 아름답다. 그런데 도심의 아름다움은 겉만 봐서는 안 된다. 그 속을 봐야 한다. 나는 도심 속 아름다움을 새로운 눈으로 보기 시작했다.

코로나19가 우리에게 사회적 거리를 갖게 했고, 사람들은 서로에게 그만큼 마음의 거리를 둔 것 같다. 그러나 사람들은 출퇴근길 만원 버스와 지하철에서 꽉 끼어 타며, 한 사람이라도 더 탈 수 있도록 사회적 거리를 좁혀준다. 자기 얼굴을 다른 방향으로 돌려주고, 다른 사람이 숨 쉴 공간을 배려해 준다. 펭귄들이 영하 50도의 추운 겨울을 날 때 허들링하는 것처럼 도심 속 사람들은 함께 살 수 있는 온기를 이렇게 찾고 있다.

엊그제 나는 세종로 한복판에서 '지구를 살려주세요'라고 쓰인 앞치마를 입고, 두 손에는 박스 종이에 '기후행동 지금 당장'이라고 쓴 피켓을 들고 광화문 기후행동을 했다. 그런데 한 할머니께서 나를 먼발치에서 눈여겨보더니 가까이 다가오셨다. 마스크를 쓴 나는 눈웃음으로 인사드렸다. 칠십 대 중반으로 보이는 할머니는 이렇게 말씀하셨다. "수녀님, 정말 미안해요. 우리가 다 망쳤어. 우리가 이렇게 되도록 이 땅을 다 망쳤어. 미안하고 고마워요." 그러더니 할머니는 주머니에서 뭔가를 꺼내 피켓을 들어 올린 내 오른손 장갑 속으로 넣으셨다. 그러고는 "따뜻한 밥 한 끼 해주고 싶지만… 이걸로 꼭 사 드세요" 하시는 것이었다. 나는 깜짝 놀라서 "아녜요, 어르신. 그냥 마음으로 함께해 주세요"라고 말씀드렸다. 하지만 할머니는 "내가 고마워서 그래"라고 말씀하시며 자리를 떠나셨다. 장갑 속에 넣어주신 것을 꺼내어 보니 오만 원권 지폐 한 장이었다. 큰 액수이기도 했지만, 할머니가 나눠주신 마음이 너무도 감사했다. 할머니께서 주신 오만 원의 가치는 모든 기후행동을 하는 이들에게 힘을 주는 밥처럼 다가왔다. 따뜻한 지지의 눈길과 이야기가 오가는 도심 한복판에서 지난봄부터 그 자리에 가지런히 핀 꽃 무더기를 발견하는 마음이 되었다. 마치 밭일하는 우리에게 한 상 차려 머리에 이고 밭으로 찾아오셨던 아랫집 할머니를 다시 만난 것 같고, 생각해 보니 도시에서의 모든 일이 밭 매는 일과 다를 것이 없다고 여겨졌다. 이 도시는 사람이 땅이고, 사람이 나무고, 사람이 꽃이고, 사람이 희망이다.

이 도시의 거리를 주님이 함께 걷고 계신다. 지나치는 사람들 속에, 만원 버스에서도 자리를 만들어 주는 사람들 속에, 지지와 용기를 주는 눈빛 속에, 또 마음이 가난한 이들 속에 예수님이 계신다. 그분은 우리와 함께 계시며 우리를 해방하고 자유롭게 하신다. 그분은 이 일을 위해 오셨고, 또 영원히 함께하실 것을 약속하셨다. 말씀이신 분이 우리의 '오늘'에 항상 살아오시며, 당신의 '섬김'으로 말씀을 이루어 주신다. 이 도심, 이 거리, 사람들 서리 어디에서나 우리 주님은 늘 이렇게 말씀하신다. "오늘 이 성경 말씀이 너희가 듣는 가운데에서 이루어졌다." 가만히 보면 알 수 있다. 주님께서 우리를 이미 해방해 주셨음을, 이미 와계심을….

하느님의 시선으로

날씨가 무척 차갑다. 이십 년 입은 내 겨울 점퍼를 보며, 수녀님들은 더 따뜻한 것으로 하나 사라고 하는데, 정이 들어서인지 그것도 쉽지 않아 오늘도 입고 나왔다. 아직 따뜻하기만 한데, 아마도 유행하는 옷이 아니면 더 추워 보이는 것이 아닐까 싶다.

얼마 전 장갑을 잃어버려 점퍼 주머니에 손을 넣고 광화문 금요기후행동을 위해 길을 나섰다. 세종로 사거리에서

한 십 분 정도 피켓을 들고 있는데 손이 꽁꽁 어는 것이 느껴졌다. 소매 끝을 내려 손을 반쯤 덮고 피켓을 들다가, 이번에는 오른손 왼손을 번갈아 가며 주머니에 넣어 손을 녹이니 훨씬 나았다. 매서운 겨울바람이 볼을 때리고, 피켓을 밀어붙였지만 이 정도쯤은 견딜 수 있었다. 한참을 서있는데, 뒤에서 누군가가 나를 불렀다. “수녀님, 저….” 얼굴을 돌려 보니 젊은 여성분이 공손한 자세로 서서 내게 노란색 비닐봉지를 내밀었다. “수녀님, 장갑 끼고 하세요. 제가 사 왔어요.” 순간 나는 너무 놀라서 “아니에요, 자매님. 저는 괜찮아요” 하고 거절했다. 그러나 젊은 여성분은 “그냥 받아주시면 안 될까요? 감사해서요”라고 이야기하는 것이었다. 그러면서 포장을 벗겨 상표를 떼고 내 손에 끼워주고는 밝게 인사하고 횡단보도를 건너는 사람들 무리에 섞여 떠나갔다. 초록불이 켜지기를 기다리던 가지각색의 얼굴들이 곁눈질로 이 상황을 지켜보고 지나갔다. 피켓을 든 손에 온기가 돌았다.

누군가에게 폐를 끼친 것 같아서 미안한 마음이 들었다. 그런데 한편으로는 피켓에 크게 쓰인 ‘기후행동 지금 당장!’

‘지구가 아파요!’ ‘맹방해변을 살려주세요!’라는 내용에 사람들의 마음이 이렇게 움직이는 것이 아닐까 생각하게 되었다. 그러니 그 자매님은 장갑을 끼워주며 함께 피켓을 든 것이다. 마치 모세가 기도할 때 그의 팔이 내려오지 않도록 팔을 떠받쳐 주었던 사람들처럼 말이다. 함께 기도하는 마음이었다. 손도 따뜻했지만 마음이 더 따뜻해졌다.

문득 돌이켜 보니, 하느님께서는 당신 백성을 위하여 일하는 이들을 ‘이토록’ 섬세하게 지켜주시고 계속해서 그 일을 하도록 힘을 불어넣어 주고 계셨다. 그분은 언제나 가엾은 이들을 지켜보시며 “내가 누구를 보낼까? 누가 우리를 위하여 가리오?” 하며 당신 말씀에 귀 기울이는 이들에게 듣는 마음을 주시고, 그들이 “제가 있지 않습니까? 저를 보내십시오”라고 응답하게 하신다. 설사 그가 당신의 교회를 박해하는 이라 하더라도 당신이 누구신지를 일깨워 오히려 당신을 증거하게 하신다. 하느님의 시선은 모든 이에게 향해있으며, 강요나 지배 없이 그들의 필요를 읽으시고 누군가를 보내신다. 그러고 보니 우리의 모든 관계는 이 하느님의 시선 안에서 서로 주고받는 것인 듯하다. 나를 위해 그를 보내주시고, 그를 위해 나를 보내시는 것이다.

예수님이 하느님 나라에 대하여 선포하실 때, 군중을 바라보셨던 그분의 시선을 떠올려 본다. 그분께서는 당신을 향한 그 많은 눈길을 마주하며 당신의 시선으로 "괜찮다, 너도 괜찮다"라고 응답해 주신다. 그리고 예수님은 그 많은 이 가운데 시몬을 눈여겨보신다. 두 배 가운데 굳이 시몬 베드로의 배에 오르신 예수님은 그에게 도움을 청하시고, 이후 깊은 데로 저어 나가자고 말씀하신다. 이에 베드로는 상황과 자신의 한계를 넘어서서 예수님이 시키시는 대로 깊은 데로 저어 나가 그물을 내린다. 하느님의 시선, 그 신비 앞에서 "제가 있지 않습니까?"라는 응답을 드린 것이다. 그러니 우리 삶은 태고부터 있었던 하느님의 지켜보심에 대한 응답이다. 가만히 보면 곁에 있는 모든 눈길은 하느님 시선의 다른 이름이다.

마음으로 바다를 쓸어주며

곳곳에 봄꽃이 피어나니 제아무리 코로나19가 기승을 부려도 사람들이 꽃을 보기 위해 집 밖으로 나오고 있다. 화사한 꽃들이, 코로나19로 죽은 것처럼 꽁꽁 언 우리 마음을 녹이는 듯 얼굴마다 밝은 웃음을 가져오게 했다. 어린아이들이 떨어지는 벚꽃 잎을 보며 "눈이다!"라고 환호하며 좋아한다. 거리에 아이들의 웃음소리가 들리니 이제 좀 사람 냄새 나는 땅 같다. 어디선가 아이들의 놀이 소리가 들려온다. "무궁화꽃이 피었습니다." 다시 어린아이들이 밖에서 뛰어놀 수 있게 된 걸까? 마치 노아가 방주에서 비둘기를 정찰대로 내보내어 희망의 표징을 찾았던 때처럼, 아이들의 목소리는 희망처럼 다가온다. 어쨌든 아주 반가운 세상의 소리다. 누군가가 이렇게 말했다. "밤하늘이 아름다운 것은 별이 있기 때문이고, 땅이 아름다운 것은 꽃이 있기 때문이며, 세상이 아름다운 것은 어린이가 있기 때문"이라고. 꽃눈이 내리는 좋은 계절이다.

나는 수녀님들과 함께 농사를 지으며 작은 생명의 움직임에 마음을 쏟고, 어떻게 우리가 그들과 함께 살 것인지를 고민하며 살았다. 그리고 다른 삶의 자리에도 적응해 가면서 시골살이에 최적화되어 있던 내 태도를 새롭게 적응시키며 지냈다. 예수님의 가엾은 마음을 풀 한 포기에서, 강팍해지는 흙에서 함께 느끼며, 품어주고 쓸어줄 수 있도록 길들었던 내 두 손이 새로운 방향을 찾은 것이다.

삼척 땅을 밟고 왔다. 너무 아픈 땅의 울부짖음을 들으며 나는 오히려 입을 다물게 되었다. 그 아름다운 바닷가를 파헤쳐 바다를 오염시키는 석회암을 바다에 붓고 바닷

물의 방향을 돌리고, 거대한 장비들을 곳곳에 설치하고 있었다. 마치 멀쩡하게 아름다운 내 몸에서 팔 자르고 다리를 자른 다음 철근으로 의수와 의족을 달아놓으려는 듯했다. 아, 가슴이 무너졌다. 전 세계가 '지속가능성'을 말하며 미래를 생각하는 행동으로 탈핵과 탈석탄의 길을 선택하고 있는데, 우리나라만이 눈감고 귀 닫고 가려는 듯해 보였다. 본래 있었던 모래사장에 붙여진 인공 모래사장을 걸을 때 그 악취와 살을 따갑게 만드는 안 좋은 모래를 느끼며 내 안에서 이런 소리를 들을 수 있었다. "아버지, 저들을 용서해 주십시오. 저들은 자기들이 무슨 일을 하는지 모릅니다." 우리는 지금 돈과 편리함 때문에, 또는 '무관심의 동의'로 부모와 형제, 자식을 죽이고 자신마저 죽이며, 이웃과 다른 뭇 생명을 죽이는 데 동참하고 있는 것이다.

예전에 나는 이 모래사장을, 그저 아름다운 바다를 보며 걸었다. 바다에서 자라고 그 바다의 아침노을, 저녁노을이 가르쳐 주는 지혜를 배우며 자란 나에게 바다는 내 몸에 흐르는 피와도 같다. 바다의 숨결 같은 파도와 함께 숨을 쉬며 찬미가를 불렀던 기억은 나에게 빵을 나누는 엠마

오의 기억으로 언제나 샘솟는 기쁨을 주며 주님과 함께 걷도록 이끈다. 그런데 그 바다가 울부짖고 있다. 너무 아프다고 울부짖고 있다. 모두를 살리는 생명줄만은 건드리지 말아달라고 통사정하고 있다. 그 통증을 내 몸으로 느끼며 나의 숨이 달라졌다. 몸의 한 부분이 아프면 숨도 가빠진다는 것을 깊이 느끼는 시간이었다.

마음으로 바다를 쓸어주며, 먹먹한 가슴으로 돌아왔다. 그런데 눈치 보고 편승하려는 언론과 삶의 고단함으로 쉽게 책임을 전가하려는 사람들의 태도는 마치 어두운 다락방이 안전하니 나가지 말라고 말하는 것 같다. 답답해도 참고 죽은 듯이 살아가라는 것이다.

예수님의 부활을 가장 처음 목격한 이들은 바로 여인들이다. 이들이 부활하신 예수님의 빈 무덤을 보고 희망의 발걸음을 옮겨 제자들에게 그 소식을 전했다. 다락방에 숨어 꼭꼭 닫아걸었던 문을 열고 제자들이 나오도록 힘없는 여인들이 문을 두드렸다. 이 여인들은 이미 예수님께 두려움을 넘어서는 사랑을 배웠다. 십자가 곁에 끝까지 머물며 그분의 고통에 함께했다. 예수님은 여인들이 그냥 주저앉아만 있지 않도록 그들 안에서 일어나신다. 일으켜 세우신다. 그리고 제자들을 일으켜 세우신다.

저 죽어가는 바다를 위해 '삼척을 살려달라'는 피켓을 들고 매일 바다를 걷는 몇몇 시민들이 바로 이 여인들이다. 우리는 이 여인들의 소리를 듣고 문을 열고 일어나 예수님을 향하여 달려갈 것인가, 아니면 안전한 다락방에 숨어있을 것인가?

평화가 너희와 함께!

이른 봄, 길을 걷다가 촘촘히 박힌 보도블록 사이에서 피어난 민들레를 보았다. 얼마나 대견스럽던지 끝까지 살아서 버텨줬으면 하는 마음이 들었다. 다행히 다른 사람들도 내 마음과 같았는지 민들레를 피해서 길을 걸었다. 이튿날 아침, 민들레가 피었던 자리를 살펴보았다. 간밤에 누군가가 미처 꽃을 보지 못했는지 민들레는 처참하게 밟혀있었다. 바닥에 깔린 꽃이 정말 가엾어서 얼굴이 찌푸려졌다. 미안한 마음이 들었다. 그들이 살 터전을 벽돌로 다 감춘 것도 모자라 그나마 좁은 틈바구니에서 겨우 피어난 생명까지 무심히 짓밟았기 때문이다. 이후 나는 의식적으로 민들레가 있던 자리를 보지 않았다. 그리고 며칠이 지났을 때, 정말 놀라운 광경을 발견했다. 민들레는 쓰러진 몸으로 탐스럽게 홀씨를 만들어 바람이 불어주기를 기다리고 있었다. 정말 다행이고, 고마운 장면이었다.

전쟁과 쿠데타로 삶과 죽음의 위기에 놓인 이들의 목숨이 저 민들레 같다. 힘 있는 누군가의 목적을 달성하기 위해서는 밟아도 된다는 의식으로 무차별 총격과 무력 진압을 감행하는 것이 우리 시대의 얼굴이다. 수많은 분야를 연구하고, 정말 똑똑한 우리는 생각으로 모든 행위를 한 것처럼 착각하는 경향이 있다. 어른들 말씀처럼 '머리만 컸다'는 말이 우리에게 해당하는 것 같다. 풀 한 포기가 어떻게 살고 있는지, 그것이 우리 삶에 어떤 영향을 미치는지 생각한다면 '그저 그런 풀'이라 여길 수 없을 것이다. 미미해 보이는 벌들이 우리 삶에 어떤 영향을 미치는지 생각한다면 사라져 가는 벌들을 찾아 나서지 않을 수 없을 것이다. 자연의 위대한 '순환' 안에서, 인류가 자신들은 돌보는 사명을 받은 사람들임을 기억한다면 이렇게 서로에게 총질하거나 총을 겨누도록 부추기는 무모한 일은 없을 것이다.

지금 우리는, 함께 머리를 맞대어 궁리하고 힘을 모아야 할 때임에도 서로의 탓만 하고 마치 하느님이 계시지 않은 것처럼 살아가고 있다. 우리가 얼마나 큰 위기에 처해있는지 알고 싶어 하지도 않는다. 중요한 결정을 해야 하는 어른들이 절대 부동이니 청소년들과 아이들까지 나서서 기후 소송을 하고 있다. 이대로 가면 가장 큰 피해자는 아이들이다. 마치 다 피지도 못한 꽃을 아무렇지 않게 짓밟는 것처럼, 우리 어른들이 아직 다 자라지도 못한 아이들에게 상상할 수도 없는 기후 위기의 난제를 감당하도록 그 무게를 가중해 미래를 어둡게 할 것이기 때문이다.

2020년 지구의 날에 프란치스코 교황님은 이렇게 말씀하셨다. “하느님은 항상 용서하시고, 인간은 때때로 용서하지만, 자연은 결코 용서하지 않는다.” 자연은 결코 용서하지 않을 것이라는 말이 무섭게 다가온다. 어디부터 회복시켜야 할까? 무심코 그들을 짓밟고 있는 발부터 옮겨 자연의 숨통을 열어주어야 한다. 모든 생명을 나와 관련된 '순환' 안에서 바라볼 수 있어야 한다. 작은 생명일지라도 집착이나 혐오가 아니라 돌봄의 눈으로 볼 수 있어야 한다. 그들과 관계할수록 용서를 청할 일이 적어질 것이다.

우리는 어쩌면 하느님께서 늘 용서하신다는 것을 알고 만용을 부리는 것일지도 모른다. 당신 자신을 내어주고, 죽기까지 사랑을 베풀어 주시는 하느님이 아니신가! 이 하느님께서는 죄책감으로 골방에 숨어있는 우리에게 용서를 넘어 오히려 귀한 선물을 주신다. 부활하신 예수님은 두려움에 차있는 제자들에게 나타나셔서 "평화가 너희와 함께!" 하고 말씀하신다. 수많은 변명을 무색하게 하는 이 말씀은 참으로 평화 안으로 들어가게 한다. 그리고 평화 안에 머무르는 사람을 새롭게 일으키시어 성령 안에서 당신의 일을 하도록 이끈다.

날이 따뜻해지니 곳곳에 노란 민들레가 피어났다. 이른 봄 보도블록 사이에서 어렵게 피어나 홀씨를 품었던 그 민들레가 새로 피어난 것이라는 생각이 든다. 지금 또다시 새롭게 꽃망울이 맺히고 있다. 평화!

새로운 바람이 들어오도록

베란다에 있는 빈 화분에 상추 씨를 뿌렸다. 좁은 면적이지만 혹시나 싶어 비교적 많은 씨앗을 뿌리고 흙으로 덮어주었더니 단 이틀 만에 연둣빛 새싹이 소복이 자랐다. 비어있는 또 다른 화분에는 마른 고추를 훑어서 씨를 흙에 묻고는 물을 뿌려두었다. 이내 줄기가 올라왔다. 신기하고 대견스러워 이 기쁜 소식을 주변에 알렸더니 곳곳에서 모종을 달라고 하신다. 제법 많이 자란 상추와 고추 모종을 솎아 나눠드리고, 고추 몇 개로 강된장을 만들고 여린 상추 잎을 얹어 봄의 생명력을 우리 몸에 담을 수 있었다.

사실 아무 계획 없이 한 일이었는데 문득 생각해 보니 긴 세월 동안 땅을 일구며 살았던 몸에 밴 습관이 나도 모르게 나온 행동이라는 것을 알 수 있었다. 물 주고 베란다 창문을 열어 봄바람이 들어오도록 하자, 베란다에서 자라고 있는 생명들이 들판인 듯 춤을 추며 쑥쑥 올라오고 있다. 물과 햇빛으로 자란 생명은 안전하게 빨리 자라지만 웃자라서 열매 맺기 전에 시들곤 한다. 하지만 밖에서 들어오는 찬 바람을 맞은 생명들은 이리저리 흔들리며 오히려 단단하게 자리 잡게 된다. 정말 신기하다. 그 작은 생명들이 본래 이렇게 어우러져 살았던 자기 근원을 기억해 내듯 온몸으로 바람을 맞아 제 뿌리를 정돈하고 있다고 생각하니 생명의 움틈이 그저 신비롭기만 하다.

또 하나 신기한 것은 사무실 창가에 있는 화분마다 꽃이 피고 있다는 것이다. 처음 봤을 때 비리비리했던 생명들이 제법 건강해졌다. 사실은 아무리 봐도 약해 보여서, 이삼일 묵힌 쌀뜨물을 일주일에 한 번씩 영양제 먹이듯이 부어주었다. 그랬더니 금세 튼실해졌다. 물론 열린 창으로 들어온 봄바람이 꽃들에게 봄이 왔음을 알렸을 것이다. 봄바람…. 눈에 보이지도 않는 그 숨결이 모두를 살게 한다는 것을 새삼 깨닫는다.

1958년 성 요한 23세 교황님은 즉위 삼 개월 만인 이듬해 1월에 공의회 소집을 선포하시며 '아조르나멘토aggiornamento'라는 이탈리아어를 사용하셨다. 당시 모인 사람들이 그 의미를 궁금해하자 교황님은 창문을 여시며 '새로운 바람이 교회 안으로 들어오도록'이라고 하셨다고 한다. 원래 '현대화' 또는 '적응' 정도의 뜻이었던 이 단어가 제2차 바티칸공의회의 정신을 대변하는 표현이 되면서 '현대 세계에 대한 교회의 쇄신과 적응'이라는 의미로 사용되기 시작했다.

문이 닫혀있으면 밖에서 무슨 일이 일어나는지 모른다. 안전할 수는 있지만 단절되고, 생명 유지는 되지만 웃자라서 결국 시들고 마는 상추처럼 건강할 수 없다. 교회가 생명력을 찾기 위해서는 교회 안에 새로운 바람이 들어오도록 할 필요가 있었던 것이다. 제2차 바티칸공의회는 그렇게 쇄신의 봄바람을 맞이했다. 그리하여 교회는 교회의 실재인 하느님 백성이 누구인지 자기 인식을 하는 시간을 가졌고, 자기 몫을 하기 위해 무엇을 필요로 하는지에 귀 기울이게 되었다. 교회 안에 불어온 이 바람은 성령의 바람이었다. 교회는 쇄신의 걸음을 내딛기 위해 시노드 정신 안에서 함께 걸어가고 있다. 교회는 자만과 오기와 분노, 편협한 정치적 신념에서 나오는 고함이 아닌, 가난한 이들의 울부짖음을 듣고 그들과 함께 걸으며 노래해야 한다.

주님께서 너무도 사랑하시는 그분의 어린양 떼를 잘 돌보라고 부르심을 받은 이들은, 주님의 목소리를 알아듣는 양들에게 주님의 음성으로 다가갈 수 있어야 한다. 주님의 숨, 주님의 영, 그분의 바람이 양들에게 이르도록 그들에게 다가가야 한다.

지금, 봄바람이 분다.

하느님 생명에 참여하는 우리

일이 있어서 동해에 다녀오게 되었다. 프로그램 중에 여러 수녀님과 함께 환경보호에 관한 피켓을 만들어 몸에 붙이고 해안가에 쓰레기를 주우러 갔는데, 밀려오는 파도가 정말 아름다웠다. 무언가 말하려는 파도의 이야기를 뒤로하고 쓰레기를 주우려니 순간순간 발길이 멈춰져 파도의 그 힘찬 물결 소리에 귀를 기울이게 되었다.

많은 사람이 모래사장에서 놀고 있었다. 아직은 물이 차가워서 바다에 들어갈 수는 없어도 파도의 물거품에 발을 적시며 여유 있게 시간을 보내고 있었다. 삼십여 명의 수녀들이 바닷가에서 쓰레기를 주우며 지나가니 사람들의 표정이 달라졌다. 한 남성분은 손에 쓰레기를 들고 누군가가 먼저 버린 쓰레기 더미를 향해 걸어오다가, 수녀들이 담배꽁초를 줍고 있는 것을 보고는 들고 있던 쓰레기를 내려놓지 못하고 돌아서서 자신의 차에 실었다. 수녀들과 함께 쓰레기를 줍는 사람들도 있었다.

해당화가 너무도 예뻐서 가까이 가 보니 가뭄 속에서도 꽃 피고 열매 맺어 나지막하게 무리를 이루고 있었다. 가뭄 속에서 지혜롭게 제 몸 부풀리지 않고 낮게 꽃 넝쿨을 이룬 꽃 무리에서도 우리는 쓰레기를 주워야 했다. 담배꽁초, 마스크, 페트병 그리고 빨대가 꽃나무 가지 사이사이에 일부러 끼워놓은 것처럼 함께 자라고 있었다. 안타까웠다. 그런데 정말 안타까운 것은, 해안가 모래사장의 침식이었다. 사람들이 걸어 다니기에 완만했던 모래사장이 언제부터인지 급경사면을 만들 정도로 침식되어 물놀이를 즐기기에

적합하지 않은 공간이 되어가고 있다는 것을 눈으로 확인할 수 있었다.

나는 이 바다와 같은 꼴을 본 적이 있다. 삼척에 건설되고 있는 화력발전소를 끼고 주변의 모래사장이 이렇게 침식되어 가고 있었다. 당장의 눈속임으로 엄청난 양의 썩은 모래를 사다가 퍼부어 놓아 눈으로는 확인하기 어렵게 만들었으나, 결국 물길이 바뀌어 모래사장이 곳곳에서 침식되는 것이다. 그 와중에도 마냥 즐거워하는 사람들을 보니 철부지 어린아이들처럼 느껴졌다. 지금도 바다로 이어지는 급경사 때문에 해마다 사람이 죽어도 언론이 보도하지 않고 있다는 이야기를 들으며, 생태계의 변화를 맞이하는 우리의 자세를 되돌아보게 된다. 환경이 더 위험해질 것은 불 보듯 뻔한데, 당장의 유희를 포기하지 못하니 자연을 돌보아야 하는 인간의 고귀한 책무를 잊은 듯해 보인다.

예수님은 우리와 똑같은 인간이면서 온전히 하느님이시다. 예수님은 제자들에게 당신께서 이루시는 아버지와의 일치와 성령과의 일치를 말씀하시며, 우리를 이끄시는 성령이 바로 당신에게서 비롯된 분임을 기억하게 하신다. 나의 삶은 세례를 통해 어떻게 예수님의 삶으로 방향 지어 머무르며, 나는 얼마나 자주 성령께 깨어 살고 있는지 묻게 된다. 분명한 것은, 예수님의 삶이 당신을 희생하여 오늘 우리에게 이르기까지 모든 사람을 살리는 삶이라는 것이다.

우리 눈앞에 보이는 땅과 바다의 울부짖음은 우리가 올바른 선택을 하도록 이끄는 성령의 재촉하심이다. 과연 우리는 피조물을 돌보아야 하는 사명을 어떻게 이어갈 수 있을까? 성부와 성자와 성령의 일치를 이루는 하느님 생명에 참여하며 오늘, 생명을 돌보는 우리 사명을 살아보자. 사랑!

너희가
먹을 것을 주어라

간간이 비가 내려 정말 반갑다. 그런데 이미 마른 바닥을 드러낸 강을 채우기에는 턱없이 부족한 상황이다. 강화도에 계신 수녀님과 통화하며 지금 농촌의 상황이 어떤지 여쭈었다. 대답은 예상한 대로 아주 심각했다. 지금 농촌에서는 농업용수가 부족하여 애타는 농민들이 많고, 심지어는 주민들끼리 자기 논에 물을 대기 위해 종종 다투기도 한다는 말을 듣게 되었다. 정말 기후 위기를 알리는 빨간불이 들어왔다.

그런데 지금 내가 발을 딛고 있는 도시는 언뜻 보기에 이런 위기에서 제외된 공간처럼 보인다. 커피가 든 일회용 플라스틱 컵을 들고 걸으며 웃고 있는 사람들을 보면 '위기'를 알지 못하는 해맑은 어린아이 같다.

어느 겨울 세종로 사거리에서 '금요기후행동' 피켓 홍보를 할 때였다. 맞은편에서 한 노수녀님이 피켓을 들고 있는 나에게 천천히 걸어오시더니, "수녀님, 제가 사진 한 장 찍어도 될까요?" 하고 물으셨다. 연세 지긋한 수녀님이 관심을 보여주시는 것이 감사해 "네 수녀님, 찍으셔도 돼요"라고 말씀드렸다. 수녀님은 사진을 찍으시고는 "저는 성공회 카타리나 수녀예요" 하고 말씀하셨다. 그 순간 머리에 떠오르는 분이 있었다. 우리나라 최초로 여성 사제가 된 수녀님이셨다. 내가 반갑게 인사를 드리자, 정말 겸손한 표정으로 그냥 수도자 가운데 한 사람일 뿐이라고 덧붙이셨다. 그러더니 사진을 찍은 이유를 말씀하셨다. "저는 이 도심 한복판에서 수녀님이 '기후 위기, 우리가 바꿀 수 있습니다'라는 피켓을 들고 있는 것을 보면서, 미얀마에서 민주화를 위해 투쟁하다가 죽을 위기에 처한 시민들을 위해 군인들 앞에 무릎을 꿇었던 수녀님을 생각하게 되었어요. 제 눈에는 그 수녀님과 수녀님의 이 기후행동이 다르지 않게 보입니다"라고 말씀해 주셨다. 그러고는 여러 차례 "고맙습니다"라고 인사를 하시고 조용히 자리를 떠나셨다. 수녀님의 지지가 묵묵히 정의를 말하는 이들 모두를 위한 '응원의 메시지'로 다가왔다.

나도 모르게 가수 안치환이 부른 <귀뚜라미>를 부르고 있다. 노래 가사가 오늘 내 생각과 같게 느껴지기 때문이다. '높은 가지를 흔드는 매미 소리에 묻혀, 내 울음소리는 아직 노래가 아니오. … 숨 막힐 듯 토하는 울음. 그러나 나 여기 살아있소.'

거리 피켓 홍보 때마다 도움을 주시는 경찰청 형제님이 계시는데, 얼마 전 버스 안에서 만나게 되었다. 형제님은 처음 피켓 홍보를 시작할 때 '누가 관심이나 가질까?'라는 생각을 하셨다고 한다. 그런데 일 년이 지나갈 즈음부터 경찰들도 기후행동의 필요성에 대하여 공감하게 되었다고 한다. 또 시민들이 관심을 가지고 보고 있다고도 전해주셨다.

기후행동 피켓 홍보를 하면서 이 소리 없는 외침이 얼마나 많은 사람의 마음을 움직일 수 있을까 하고 생각했다. 그런데 이처럼 사람들의 마음을 울리고 있는 것이다.

예수님은 제자들에게 "너희가 그들에게 먹을 것을 주어라"라고 말씀하셨다. 장정만도 오천 명가량이나 되는 사람들의 허기를 채우기 위해서는 엄청난 양의 빵이 필요했다. 이때 제자들이 예수님께 "저희에게는 빵 다섯 개와 물고기 두 마리밖에 없습니다"라고 말씀드린다. 미약한 자신들의 상태를 말씀드린 것이다. 그랬더니 예수님은 그 미약함 그대로를 당신 손에 들어 올리시고 아버지께 감사드리신 다음 떼어 나누어 주도록 하신다. 아무것도 덧붙이지 않은 채로 감사드리고 그것을 떼어주도록 하셨는데 모두가 배불리 먹고도 남았다.

오늘 우리가 직면한 기후 위기를 극복하기 위해서는 변화의 노력이 필요하다. 그런데 한순간에 바꿀 수 있는 엄청난 일만 상상하다가 아무것도 시작하지 못하는 것이 아니라, 지금 가지고 있는 빵 다섯 개와 물고기 두 마리를 내놓는 미약한 행동부터 시작해야 한다. 침묵 속에서 행하는 그 미약한 행동이 허기진 배를 채우고 생명을 살릴 수 있는 행동임을 믿으며, 묵묵히 피켓을 들고 싶다.

땅을 알아보는 순간
사랑을 깨닫는 순간

바람 한 점 없는 여름의 초입에는 모든 생명이 잠자고 있는 듯 조용하다. 이 시간에 그들은 깊은 내적 작업, 뿌리를 깊이 내리는 작업을 한다. 그들을 볼 때 다만 우리에게 필요한 것은 “아무리 사소한 것이라도 모든 실재 앞에서 차분히 머무르는 행위”「찬미받으소서」 222항로 그들을 바라보는 태도다. 부산하고 조급하게 가려는 이들에게는 생명을 돌보는 일이 참으로 어렵다. 상추가 흔한 계절이니 씨만 뿌리면 싹이 올라올 거라 생각할 수 있지만, 차분히 머무르지 못하는 손길로는 그 흔한 상추 한 장 얻는 것도 어림없다. 그러니 우리가 먹는 모든 음식에는 농부들의 '차분히 머무르는 행위'가 포함되어 있음을 새삼스레 기억하며 감사드리게 된다. 또 이렇게 자란 음식을 먹고 이것을 기억하는 사람들 안에는 이 '차분함'이 자라게 된다. 곧 그 어떤 것도 취하는 수단으로가 아니라 생명을 살리는 감사로 바라볼 수 있게 되는 것, 감사를 아는 이가 되는 것이다.

잠시 서울살이를 하는 동안 나는 내 안에서 뭔가 달라지고 있음을 느끼게 되었다. 정서가 달라지고, 언어 표현도 달라지고, 생각도 달라지는 것을 느끼면서 처음에는 당황스러워서 '이래도 되나?'라는 생각마저 했다. 그런데 당연한 과정이라는 것을 문득 깨닫게 되었다. 흙에서 살 때도 일 년이 지나서야 흙을 제대로 알아볼 수 있었는데 쉽게 알고자 하는 내 욕심이 너무 과했다. 노동자들의 애달픈 마음을 어떻게 고작 몇 달 만에 알 수 있으며, 전쟁과 쿠데타로 고통 중에 있는 이들의 가슴을 어떻게 단 몇 번의 기도로 쓸어줄 수 있으며, 원자력발전소와 화력발전소 건설로 몸

살을 앓고 있는 이 땅과 거주민들의 불안함을 어떻게 몇 번의 순례로 다 공감할 수 있겠는가? 농사짓는 첫해에 호미로 무수히 손가락을 찍어서 멍들고, 으레 땀범벅이 되려니 생각하며 묵묵히 땅과 함께한 시간이 있었기에 이듬해에 땅을 땅으로 볼 수 있었던 것처럼, 사람들 서리에서 묵묵히 살아가다 보면 내 눈이 그들을 제대로 알아볼 수 있게 될 때가 올 거라 믿게 되었다. 사랑해야 하는 것이 아니라, 참으로 사랑하게 되는 것이다. 그리고 이미 사랑은 시작되었다.

서울역에서 밥 나눔을 하면서 나는 문득 땅을 알아보는 그 순간을 만날 수 있었다. "어르신, 맛있게 드세요"라고 말씀드리며 국밥 그릇을 전해드렸는데, 받으시는 그 손이 마치 성체를 받으시는 모습처럼 느껴졌다. '맛있게 드세요'라고 말씀드렸지만, 내 안에서는 '그리스도의 몸입니다'라고 말씀드리는 것 같았고, 받으시는 분들이 '감사합니다'라고 인사하시는 것이 '아멘' 하시는 것 같았다. 이 일은 우리 주님과 일치하는 성체성사처럼 다가와 주님께 받은 빵을 형제들에게 나눠주는 자리가 되었다.

그런데 역 주변의 상점에서 근무하시는 분이 갑자기 오시더니 다짜고짜 우리에게 항의하셨다. “밥 자꾸 나눠주지 마세요. 저 사람들이 역사 안으로 들어오고, 쓰레기를 버리고 간단 말입니다. 당신네한테는 좋은 일일지 모르지만 우리는 어떻게 하라고요. 밥 나눠주지 마세요. 네?”라며 고래고래 소리를 지르셨다. 밥 나눔에 참여한 봉사자들과 길게 줄 선 노숙인들이 모두 그분의 말을 듣고 있었다. 그 말은 그렇지 않아도 손 내밀기 어려워하시는 노숙인들을 움츠리게 만들었다. 우리는 더 따뜻한 목소리로 “맛있게 드세요” 라고 말씀드리면서 예수님이 떼어주신 빵을 나누는 마음으로 정성껏 전해드렸다.

이것이 내가 새롭게 깨닫게 된 ‘사랑’이다. 주님과 함께 현재를 사는 것, 그분의 시간을 우리의 시간으로 가져와 그분 백성들과 계속 함께하는 것이다. 자신에게 전부였던 소를 잡고, 쟁기를 땔감으로 삼아 고기를 구워 사람들에게 나누어 주고, 오롯이 하느님의 부르심을 따른 엘리사 예언자의 나눔이 서울역 그 자리에서 계속되고 있다.

말씀은 우리 안에 살아계신다

어릴 적 농부이신 아버지를 따라 새벽에 일찍 일어나던 습관은 내 삶의 태도가 되었다. 이른 새벽, 아직 아무도 만나지 않은 상태로 주님을 만나는 때가 나에게는 가장 귀한 시간이다. 장소야 어떻든 가장 먼저 주님을 만나며 하루를 시작한다. 농촌에서의 새벽은 산새들조차 아직 입을 열지 않은, 별들만이 눈을 깜박이고 있는 고요함 그 자체다. 아침 묵상이 끝날 때쯤이면 산새들의 아침 찬미와 고라니들의 새벽 마실이 시작된다. 계속되는 창조로 태어나는 생명의 합주다.

도시에서는 생명이 시도 때도 없이 심기고, 뽑히고, 밤낮없이 맥없는 성장을 하는 듯하다. 본래의 목적대로 살도록 돕기보다는 인간을 위해 보기 좋으라고 잠시 심기기 때문이다. 밤에도 낮처럼 환하니 쉼 없이 꽃이 핀다. 시골에서는 새들이 아침마다 풀잎 이슬에 제 얼굴 씻고 반짝이는 날개를 뽐내며 노래하는데, 도심 속 비둘기들은 매연으로 꾀죄죄해진 채 전날 술 취한 사람들이 토해놓은 토사물을 다투듯이 먹고 있다. 자세히 보면 도시에는 시골에서 보기 힘든 장애 비둘기도 너무나 많다. 도시에서 편리하고 깨끗하게 살고 있다고 생각하지만, 우리도 결국 병든 저 비둘기들처럼 아프다는 것을 느끼지 못하고 있는 것은 아닐까? 이 도심 속에서 공해에 찌든 채 날아다니는 저 새들처럼 찌들어 살고 있으면서도 정작 우리 자신을 못 보고 있는 게 아닐까? 철저히 인간의 편리를 위한 땅이 바로 도시다. 이곳에는 다른 생명이 그들의 목적을 이룰 수 있도록 돕는 공간이 거의 없어 보인다. 이는 곧 우리의 가치관에 그들에 대한 배려가 없다는 말이기도 하다.

강의 일정이 있어 속초에 간 적이 있는데 걷기에는 먼 거리라 택시를 탔다. 택시 기사님과 짧은 대화를 나누는 동안 나는 답답함을 느꼈다. 기사님은 속초 바닷가 인근에 초고층 아파트들이 들어서려 하고 있고 그것이 발전이라고들 하는데, 정작 지역 시민들은 제대로 혜택을 받지 못하고 타 도시 사람들의 별장식 집짓기가 되고 있다고 하셨다. "땅도 작은 나라인데, 잠시의 호사를 위해 굳이 이렇게 집을 많이 지어 자연을 훼손하고 있다니, 정말 답답해요. 가진 사람들을 더 배 불리는 이 구조가 정말 답답합니다." 기사님의 조용한 한탄이었다.

프란치스코 교황님은 "지성과 사랑이 부여된 인간은 그리스도의 충만으로 이끌려 모든 피조물을 그들의 창조주께 인도하라는 부르심을 받습니다"「찬미받으소서」 83항라고 하시며, 우리 인간들, 특별히 그리스도인들이 받은 사명을 상기시키신다.

우리는 그리스도의 사랑을 말하면서, 가진 돈 중에 얼마를 희사하는 것으로 가난한 이들을 돕고 있다고 착각하고 있지는 않은지, 술에 취해 토해놓고 새들에게 먹을 것을 주었다고 착각하는 것은 아닌지, 공원에 쌀을 뿌려놓고는 새들을 위한 최선이라고 자부하고 있는 것은 아닌지, 강아지 발에 신발 신기고 유모차에 태워 다니며 생명을 돌보기 위해 최선을 다하고 있다고 생각하는 것은 아닌지 묻게 된다. 사제도 레위인도 초주검 된 사람을 '보고서는 길 반대쪽으로 지나가' 버렸지만 사마리아인은 '그를 보고서 가엾은 마음이 들어' 상처를 싸매주고 돌봐주었다. 하느님 백성인 우리 마음 안에 하느님 말씀이 살아계신다는 것은, 오늘 우리가 보는 모든 생명과 이웃의 울부짖음 앞에 멈추어 상처를 싸매줄 수 있다는 것을 뜻한다. 무엇으로? 우리는 이미 알고 있다. 말씀이 우리 안에 살아계시기 때문이다.

주님, 당신 백성을 기억해 주십시오

귀뚜라미가 소리 높여 노래하는 가을이다. 간혹 불어오는 바람이 너무나 시원해서 바삐 옮기던 발걸음을 멈추고 팔을 벌려 한껏 바람을 맞이해 본다. 지난여름의 더위를 잊게 해주는 고마운 바람이다. 이렇게 가을은 오고 선선한 바람도 부는데, 사람들의 얼굴에서 공통된 두려움을 읽게 된다. 입 밖으로 표현하지는 않지만 뭔가 큰 위기를 몸으로 느끼고 있기 때문일 것이다.

매주 금요일 세종로 사거리에서 기후행동 피켓 홍보를 하고 있다. 특별한 일이 없으면 나는 이 활동에 계속 참여했다. 그러던 어느 날 지나가는 사람들의 얼굴이 이전과 좀 다른 것을 느낄 수 있었다. 생각보다 많은 사람이 피켓의 내용을 살피고, 눈인사라도 하고 가거나, 심지어는 사진도 찍으면서 커뮤니티에 올리고 싶다는 사람들도 있었다.

그런데 무엇보다도 놀라운 사실이 있다. 정오가 되면 세종로 사거리는 수많은 직장인으로 붐빈다. 점심 식사를 마친 그들의 손에는 한겨울에도 커피가 들려있었다. 그러니 한여름에는 더더욱 일회용 컵이 들려있어야 익숙할 텐데 사람들의 손에 컵이 없다. 정말 신기해서 계속 살펴보게 되었다. 나만 느낀 것이 아니라 피켓 홍보에 참여한 다른 분들도 느꼈다고 한다. 일회용 컵을 들고 다니는 사람이 거의 보이지 않았다. 우리가 침묵으로 외친 것은 '기후 위기'인데, 사람들은 자신들이 할 수 있는 일을 찾아 작은 것부터 시작하고 있다는 생각이 들었다.

거리 피켓 홍보를 마치고, 손수레에 피켓을 실어서 끌고

오는데 건장한 청년 둘이 내 뒤를 걸어오면서 주고받는 대화가 귀에 들어왔다. "야, 나 이제 일회용 컵 못 쓰겠어." "그래, 지구가 이런 상태까지 되었는데 우리도 뭐라도 해야지." 내가 잘못 들었나 싶었다. 젊은이들이 이런 대화를 주고받는다는 것이 정말 놀라웠다. 바로 이런 것이 미국의 환경학자 거스 스페스가 말한 '영적이고 문화적인' 전환일 것이다. 누군가에 의해서 억지로 하는 일은 그 누군가가 없는 자리에서 쉽게 포기하게 된다. 그러나 무엇이 옳은 행동인지 스스로 깨닫고, 그것이 참된 성장이자 참된 성공의 방향임을 주변에 퍼트린다면 그것은 계속 번져갈 것이다. 사람들 속에서 가치관의 전환이 일어나고 있다.

이제는 명품을 가진 것이 부끄러워지고 '먹방'으로 욕구를 부추기는 방송이 별 효과가 없을 것이다. 오히려 사람들은 지금 이 위기가 얼마만큼 위험한지, 자신이 할 수 있는 일이 무엇인지를 알고 싶어 할 것이기 때문이다. 우리가 무엇을 잘못했는지 알기 원하고, 무엇을 해야 할지 묻게 될 것이다. 그동안 우리 자신의 무모함으로 선택한 그 길에서 돌아서서 '살길'을 선택할 것이다.

마치 '되찾은 아들의 비유'에 나오는 작은아들처럼, 지금 우리의 모습은 아버지께서 주신 모든 것을 탕진한 상태다. 여기서 멈추고 돌아서야 한다. 우리를 현혹하는 수많은 유혹이 있지만 돌아설 수 있어야 한다. 위기를 극복하기 위해 가장 먼저 해야 할 일은 우리가 가던 그 길에서 돌아서는 것이다. 그리고 하느님께서 모세를 부르시고, 그를 통하여 새로운 백성을 일으키겠다고 하셨을 때 모세가 드린 기도를 우리도 드릴 수 있어야 한다. "주님, 당신 백성을 살려주십시오. 주님, 당신 백성을 기억해 주십시오." 자기 안위가 아닌 백성의 안위를 염두에 둔 모세의 이 기도를 오늘 우리도 간절한 마음으로 함께 바칠 수 있기를 청한다.

선택된 이들의 부르짖음

아버지가 세상을 떠나신 후, 나는 '하늘에 계신 우리 아버지'라고 기도할 때마다 하느님 아버지가 더 가깝게 느껴지고, 내 바람을 말씀드리기도 전에 이미 알고 계신다는 것을 믿기에 더 단순한 기도를 드릴 수 있게 되었다. 긴 말씀이 없으셔도 믿고 있다는 눈빛으로 나를 바라보시던 아버지의 그 신뢰가 그대로 하느님 아버지의 시선이 되어 내 삶을 바라봐 주신다는 것을 늘 마음에 둘 수 있게 되어서다. 그래서 나는 그 안에서 깊은 따뜻함을 느낄 수 있다. 그 어떤 혼란스러움이 있어도 잠시 하느님 아버지 안에서 깊은숨을 들이쉬고 내쉬고 나면 어떤 마음이 되어야 할지 확신할 수 있게 된다.

땅을 존재로서 만나고 나서 내 마음은 수없이 많은 울부짖음을 듣는 자리가 되었다. 그러니 나를 움직이게 하는 가장 큰 이유는 자연의 울부짖음에 대한 응답이다. 예전의 나를 떠올리면 상상할 수도 없는 일을 날마다 마주하고 있다는 생각이 든다. 할 수 없을 것 같은 일을 하게 되는 것은 바로 '사랑' 때문이다. 땅, 흙을 참으로 사랑하게 되었을 때 나는 다른 존재들의 소리에 귀 기울이게 되었고, 그들을 마주 볼 수 있게 되었다. 그리고 그들을 사랑하게 되자 그들을 위해 무엇이든지 하고 싶은 마음으로 매일매일 새롭게 눈뜨고 있다.

시간이 갈수록 내 삶의 방향이 분명해지고, 더 단순해지고 있다. 누구와 무엇을 말해도 하느님의 부르심과 모든 피조물의 울부짖음에 대한 응답으로 이어진다. 심지어 외국 땅에서 외국인과 함께할 때라도 그 어떤 두려움 없이 해야 할 일을 하게 되었다. 일회적이고 이벤트적인 삶이 아니라 내 온 삶이 오늘을 위해 준비되었음을 느낀다.

내가 만나고 있는 많은 분들도 이렇게 뭔가에 홀린 듯이 삶을 마주하고 계신다. 누군가는 삼척 땅의 절규에 가까운 울부짖음에 귀 기울이며 단 하루도 빠지지 않고 그 바다를 위로하기 위해 걷고 있고, 누군가는 매주 금요일마다 사람들의 시선을 끌기 위해 장구를 들고 거리로 나와 지구의 울부짖음을 알리고 있다. 누군가는 마지막 남은 새만금의 수라갯벌과 그 땅에 의존하고 있는 수많은 생명의 울부짖음을 눈물로 호소하며 살려달라고 외치고 있다. 누군가는 석탄을 자기 몸에 뒤집어 쓰며 '석탄 발전 이제 그만'을 외치고, 누군가는 눈에 보이지 않게 흘러나오는 방사능으로 서서히 죽어가고 있는 자기 몸을 느끼면서 미래 세대를 위해 '사랑한다면 원전은 아닙니다'를 외치고 있다. 그리고 폭우로 판잣집이 쓸려갈 때 수도복을 입고도 거침없이 그들과 함께 밤을 새우며 날 밝기를 기다린 분도 있다. 공동의 집 지구의 시급한 상황이 더 심각해질수록 더 많은 분이 이렇게 삶을 살아가고 있다.

나는 이분들이 바로 오늘을 살아가는 모세라고 생각한다. 그분들이 하는 일은 모두 모세가 손을 들어 백성을 살리기 위해 주님께 청하던 그 일이 된다. 만약 이런 분들을 만난다면 우리가 해야 할 일은 그분들이 하느님께 청하며 들어 올린 두 팔이 내려오지 않도록 옆에서 받쳐주는 일일 것이다.

하느님의 말씀을 듣고 믿는 우리는 모두 하느님의 사람이다. 하느님의 사람은 자기 자신이 먹고사는 일만을 위해서, 또는 자신의 구원만을 위해서가 아니라 하느님의 양들을 돌보도록 은사를 받는다. 이들은 기회가 좋든 나쁘든 해야 할 일을 계속해 나가는 사람들이다. 하느님께 선택된 이들이 밤낮으로 부르짖고 있다. "주님, 모든 피조물에게 자비를 베푸소서." "주님, 살려주세요."

주님께서는 오늘, 우리가 그 선택된 사람이라고 말씀하신다, 바로 우리 자신이.

가난한 모습의 우리 예수님

도심 속 잿빛 보도블록 위에 노란 은행잎이 떨어져 환하게 빛을 밝히고 있다. 사람들의 발에 밟히고 차여서 길가에 모여있는 부서진 조각들조차 끝까지 빛을 발하는 듯하다. 그들이 있어서 우리의 여름이 아름다웠음을 마음으로 감사하며 길을 걸었다.

광화문 앞 광장이 정비된 뒤로 나는 그곳을 지나갈 때마다 마음이 아프다. 돌로 된 대형 화기에 나무들이 심겨있고, 돌로 만들어진 블록 사이에 화단이 조성되어 있는데 너무 어울리지 않기 때문이다. 사실 그곳을 지날 때마다 나무와 꽃들이 그나마 남은 생명력으로 아우성치는 소리를 듣게 된다. 누군가의 성과를 위해 자신들을 심어놓고, 흙조차 제대로 덮어주지 않은 채 화려한 꽃을 피우라고 영양제를 놓고 있다고 말하고 있다. 그나마 여름날에는 나무와 꽃의 무성한 잎으로 그 실체를 가릴 수 있었지만, 겨울이 되니 광장과 앙상한 나무들과 생뚱맞은 낙엽이 '정말 생태적이지 않다'는 생각을 하게 한다.

내가 주의하는 것 가운데 하나가 '생태'를 말하면서 하나의 이벤트성으로 생명 돌보기를 하는 것이다. 생태적으로 산다는 것은, 어떤 존재의 존엄함을 기억하면서 함께 살아갈 수 있도록 서로 영향을 미치고 배려하는 환경이 되어주는 것이다. 그런데 우리는 이마저도 이용할 때가 많다. 우리 자신만을 위해 지구 자원을 마구 사용하는 잘못된 길에서 돌아서자고 가르치지만, 정작 우리는 '돌봄'의 가치보다는 '나 보기 좋으라고', '성과를 위해' 생명을 심었다 뽑았다를 반복하고 있다. 내가 보기에 지금 광화문은 잘 치장된 말

잔치 같은 느낌이다. 결국 이 환경에서 사람들은 역사적 의미나 동기, 역사관, 가치관을 되새기기보다 허울 좋은 옷매무새에 어울리는 포토 존을 떠올리게 될 것이다. 광화문 광장은 그 역사성이 살아 숨 쉬도록 조성하는 것이 가장 생태적인 것이라고 생각한다. 스쳐 지나가는 누군가의 발길일지라도 오늘 자신에게까지 살아있는 그 시간 앞에, 경건한 마음으로 디딜 수 있는 공간이 되었으면 좋겠다. 보기 좋으라고 계절마다 꽃을 심었다가 뽑았다가 하는 환경 조성은, 그것을 보는 사람들에게 쉽게 취하고 버리는 문화와, 돈이면 다 할 수 있다는 식의 생각을 하게 할 수 있기 때문이다.

우리는 지금 잘못된 생활 태도에서 올바른 길로 돌아서기 위해 '생태적 회심'을 해야 한다고 말한다. 그런데 이 회심의 길은 뭔가를 하고 있음을 증명하기 위해 '더 하는 것'이 아니라 '덜 하는 것'이 되어야 하지 않을까? '더 보태는 것'이 아니라 '덜어내는 것'이 되어야 한다. 그리고 이것은 잠깐의 이벤트가 아니라 삶이 되어야 하지 않을까? 이를 위해서는 도시 환경이나 본당 환경을 결정하는 분들만이 아니라, 우리 개개인의 원의와 삶도 중요하다. 우리의 바람이 그분들의 결정을 만들어 내기 때문이다.

15세기에 집현전에서 광화문이라고 명명할 때는 '왕의 큰 덕德이 온 나라와 백성을 비춘다'는 의미를 담았다고 한다. 그러니 광화문 광장은 백성들의 울부짖음과 애환이 펼쳐지는 장소이지, 각종 행사로 이목을 끄는 장소가 아니다. 거기에는 가난한 우리 백성들이 설 자리가 없다. 교회도 마찬가지다. 너무 건물을 중요하게 생각하다가 그곳을 빛낼 하느님 백성을 놓칠 수 있기 때문이다. 언젠가 한 성당의 관리장님이 성탄절을 준비하다가 너무 화려하게 치장된 장식을 바라보며 이렇게 말씀하셨다. "수녀님, 우리 성당에도 예수님이 오실까요?"

교회는 하느님 백성 가운데 가난한 이들이 주님께 바람을 가지고 찾아와 주님 앞에 조아릴 수 있도록 문이 활짝 열려있어야 한다. 그 가난한 사람이 바로 오늘 우리 앞에 살아계신 예수님이기 때문이다.